La BIBLIA del DISCIPULADO para la Familia

ANTIGUO TESTAMENTO

CHRIS CHAVEZ
Ilustrado por
MIKE BROWN

Traducido por Beyla Montez

LUCIDBOOKS

La Biblia del Discipulado para la Familia: Antiguo Testamento

Copyright © 2020 por Chris Chavez
Para ilustraciones Copyright © 2020 por Mike Brown

Publicado por Lucid Books en Houston, TX
www.LucidBooksPublishing.com
and
Wyden Publishing en Katy, TX
www.wydenpublishing.com

Todos los derechos reservados. Ninguna parte de esta publicación puede ser reproducida, almacenada en un sistema de recuperación, o transmitida en cualquier forma por cualquier medio, electrónico, mecánico, fotocopia, grabación, o de otro tipo, sin el permiso previo del editor, excepto según lo dispuesto por la ley de copyright de EE.UU.

eISBN: 978-1-63296-345-1
ISBN: 978-1-63296-335-2

Las citas de las Escrituras son tomadas de Santa Biblia, NUEVA VERSIÓN INTERNATIONAL® NVI® copyright © 1999, 2015 por Bíblica, Inc.® Usado con permiso de Bíblica, Inc.® Reservados todos los derechos en todo el mundo.

Ventas especiales: La mayoría de los títulos de Lucid Books están disponibles en descuentos especiales por cantidad. La imprenta personalizada o extracto también se pueden hacer para adaptarse a las necesidades especiales. Póngase en contacto con Lucid Books en Info@LucidBooks Publishing.com.

Para Heather Chavez – Gracias por quien eres. Te amo mucho, y en la preparación de este libro, te aprecio de una manera que nunca soñé. Como mi ayuda ideal, no eres sólo un ayudante que apoya a su hombre, sino eres absolutamente necesario para que yo haga algo significativo para el reino de Dios. No hay visión del reino de Dios para la familia Chavez sin ti. Nunca supe lo que necesitaba, y aún hoy no sé cuánta bendición serás para mí en los años venideros. Eres la evidencia tangible del gran amor que Dios tiene por mí diariamente. Te amo y deseo poder amarte aún más. Mantente firme porque Dios me ayudará a convertirme en el hombre que mereces.

Para Antonio, Moriah, Samuel, y Thaddeus – Este libro fue impulsado por mi deseo de darles una fundación lo más firme posible. No puedo cambiar sus corazones pero puedo enseñarles y apuntarlos al Padre Celestial que les ama más de lo que yo jamás pueda. Un día, ustedes comprenderán que yo profundamente deseé darles todo lo que nunca tuve.
¡Papa les ama!

Para Dr. Freddie Gage (1933-2014) – Muchas personas evangelizan pero un evangelista es alguien totalmente diferente. Ganar almas es lo que respiran. Dr. Freddie Gage me enseñó más sobre el evangelismo que cualquier otro libro o lección bíblica simplemente siendo quien Dios lo hizo. Las palabras no pueden expresar cuán agradecido estoy de haberlo conocido. Más allá de ver el don evangelístico en el trabajo, me mostró que amar a la gente significa haciendo lo que otros no hacen para amar a la gente.

Chris Chavez

Quiero agradecer a mi padre, el teniente coronel Gene E. Brown, quien falleció durante la producción de este libro. También quiero agradecer a mi madre, Regina Brown, cuya fuerte voluntad mantuvo a mi padre vivo el tiempo suficiente para asegurar que sus nietos siempre recuerden a su "Pockets". A mi amorosa esposa, Cheree, y mis cuatro hijos maravillosos – Abby, Luke, Lydia, y Phoebe – Dios me ha honrado con la familia más amorosa que ciertamente no merezco. La paciencia que me han mostrado durante estos últimos dos años discutiendo los eventos del día mientras yo estaba encadenado a mi mesa de dibujo ha sido una verdadera bendición. Por último, también me gustaría agradecer a Kristin Bergh. Trabajando contigo en los colores siempre es una alegría, y sé la dificultad que tuviste al trabajar a través de la pérdida de tu hermana.

Michael Brown

Tabla de Contenido

Empezando con el Discipulado Familiar

¡Bienvenidos, Padres!	2
Ideas Devocionales y Plantillas	5
Herramientas Provistas en este Libro	10

Historias Bíblicas del Discipulado Familiar

Historias Bíblicas 15

1	Antes de "en el Principio"	17
2	La Creación del Mundo	21
3	La Creación del Mundo Espiritual	25
4	La Caída del Hombre	29
5	La Historia de Job	33
6	La Inundación: parte 1	37
7	La Inundación: parte 2	41
8	Torre de Babel: Dios sabe Todo	45
9	Abraham e Isaac: Dios es Fiel	49
10	La Historia de Ismael	53
11	Isaac y la Promesa	57
12	José: parte 1	61
13	José: parte 2	65
14	Moisés: parte 1	69
15	Moisés: parte 2	73
16	La Pascua	77
17	Liberación de Egipto	81
18	Los Diez Mandamientos	85
19	El Deseo de Dios de habitar con el Hombre (el Tabernáculo)	89
20	Josué y los Espías	93

21	Jericó: parte 1	97
22	Jericó: parte 2	101
23	Sansón	105
24	David, Ungido Rey	109
25	David y Goliat	113
26	Salomón construye el Templo de Dios	117
27	Eclesiastés: La Inutilidad de la Vida	121
28	La División del Reino	125
29	Elías en el Monte Carmelo	129
30	Jonás	133
31	Exilio de Israel y Judá	137
32	Daniel y el Foso de los Leones	141
33	Ananías, Misael, y Azarías	145
34	Profecía del Próximo Rey (Libro de Isaías)	149

Sonido Bíblico del Discipulado Familiar (Catecismo)

Introductorio (edades 2-8)	154
Intermedio (edades 6-12)	159
Cronología de la Biblia Judía (edades 2+)	174

Herramientas del Discipulado Familiar

Bendiciones de las Escrituras	186
Diccionario Familiar	204
Cantos para la Familia	207
Resumen de los libros del Antiguo Testamento	208
Pasajes de las Escrituras para Memorizar	213

En Conclusión

Mensaje Final a los Padres	222
Recursos Adicionales para su Hogar	227
Agradecimientos	231

Empezando con el Discipulado Familiar

¡Bienvenidos, Padres!

Estamos muy contentos de que haya elegido utilizar esta Biblia. *La Biblia del Discipulado para la Familia* fue creada para equiparle al seguir el mandato de Dios de enseñar a sus hijos los caminos del Señor. En Deuteronomio 6:4-7, encontramos el llamamiento más claro para que los padres sean los maestros primarios en la vida de sus hijos.

> Escucha, Israel: El Señor nuestro Dios es el único Señor. Ama al Señor tu Dios con todo tu corazón y con toda tu alma y con todas tus fuerzas. Grábate en el corazón estas palabras que hoy te mando. Incúlcaselas continuamente a tus hijos. Háblales de ellas cuando estés en tu casa y cuando vayas por el camino, cuando te acuestes y cuando te levantes.

Los devocionales rutinarios ya sean diarios o semanales, son sólo un aspecto del discipulado. Como saben, los niños aprenden incluso cuando no estamos enseñando intencionalmente una lección específica. Así que los padres que viven sus creencias, son tan importantes como lo que enseñan, y en la mayoría de los casos, puede ser el mayor evangelio para los niños. Realmente creemos que para ser mejores padres, debemos ser transformados en la imagen de Cristo más y más.

Mientras tanto, esperamos que este recurso le ayude a plantar semillas, regar y cultivar el terreno de los corazones de sus hijos en la esperanza de que Dios les dé el crecimiento espiritual (1Corintios 3:6). El uso de este recurso fortalecerá sus relaciones familiares y le proporcionará la oportunidad para que usted tome la iniciativa de ser el maestro principal en la vida de sus hijos.

Recuerde que ya no está bajo la ley, sino bajo la gracia de Dios, así que el tener devocionales regulares no le gana nada. Eso también significa que el no tener devocionales regulares no lo hace menos creyente, y perder uno o dos no trae vergüenza. No hay condenación para los que están unidos a Cristo Jesús (Romanos 8:1), así que embarque en este viaje de crianza como un padre libre que escoge vivir como esclavo de Cristo.

Dese cuenta que el camino hacia una mayor alegría se encuentra en el cumplimiento de los mandatos de Dios. Los padres tienen la increíble oportunidad de ser parte de la historia de Dios en la salvación de sus hijos. Dios no necesita a nadie para traer la salvación de un niño, y nadie puede impedir a Dios de salvar a un niño tampoco. Encontramos nuestra mayor alegría al seguir el mandato de Dios de predicar el evangelio y hacer discípulos.

Dejen como padres abrazar nuestro campo de misión incorporado: el hogar. Allí tenemos la oportunidad de proclamar libremente el evangelio diariamente, tanto en la palabra como en la acción. Una vez que se salva un niño, tenemos la oportunidad incorporada de discipular al niño diariamente. Esta Biblia no es *la* herramienta para ayudarle, pero sí es *una* herramienta que esperamos le resulte útil. Siéntase con completa libertad de no estar de acuerdo con algunos conceptos teológicos al leer las historias bíblicas y otros textos de este libro.

Fuera del evangelio, hay mucha libertad en lo no esencial, así que si no le gusta como está escrita una historia en particular, siéntase con libertad de cambiarla. Lo mismo va para el catecismo. Si encuentra otra respuesta más fiel a las escrituras o más conforme con lo que espera enseñar a sus hijos acerca de Dios, favor de cambiarla. Esta no es una herramienta de devocionales Bautista, Católica, Iglesia Bíblica o Metodista, sino más bien una herramienta que se puede usar por cualquier padre que quiere un poco de ayuda para guiar a sus hijos al Dios Altísimo. Espero que encuentre gran gozo en pastorear a su familia hacia Dios en todas las cosas.

Bendiciones a su familia,
Chris Chávez
Autor

Ideas Devocionales y Plantillas

¿Qué aspecto tiene un devocional familiar?

Para ser honesto, el aspecto de un devocional familiar realmente depende de usted. Puede usar estas herramientas juntas o mezclarlas o combinarlas según lo que vea adecuado. Por ejemplo, si usted siente que sus devocionales actuales están haciendo lo que usted espera, pero quiere comenzar a catequizar un poco, podría agregar un elemento del Sonido Bíblico. Si ese es el caso, los catecismos le mostrarán preguntas para hacer diariamente, semanalmente o incluso periódicamente. Una gran cosa acerca de catequizar es que en muchos casos, los padres aprenden las respuestas también. Así que incluso los nuevos creyentes pueden discipular a sus hijos mientras también aprenden.

Las posibilidades de lo que pueden hacer juntos son infinitas. Usted puede experimentar y ver lo que funciona mejor para su familia. Lo bueno de los devocionales es que pueden evolucionar a medida que su familia crece en tamaño y en el conocimiento de Dios. Esta Biblia no pretende ser un manual de instrucciones sino un recurso para que los padres engrandezcan el discipulado en el hogar.

El aspecto que esta biblia familiar tenga en su hogar sólo está limitado por su imaginación. Esperamos que canten, actúen historias bíblicas, hagan preguntas profundas, y crezcan tanto como sus hijos.

Hay algunas muestras de cómo impartir creativamente historias bíblicas en la página siguiente.

Devocionales Completos

1. Niños Pequeños: Devocional Diario o Semanal para antes de acostarse (20-30 minutos)

- ✤ Leer Historia Bíblica (5-10 minutos)
    - ◇ *Jesus Storybook Bible* es excelente para la edad de niños pequeños
    - ◇ Haga preguntas sencillas y dialogue sobre la historia
- ✤ Sonido Bíblico (5 minutos)
- ✤ Cantar juntos (5 minutos)
- ✤ Escuchar (1 minuto)
- ✤ Oración Familiar (5 minutos)
    - ◇ Familia, amigos, los perdidos, líderes del gobierno
- ✤ Bendición de las Escrituras (2 minutos)

2. Edad Primaria: Devocional Diario o Semanal para antes de acostarse (25-40 minutos)

- ✤ Leer Historia Bíblica (5-10 minutos)
    - ◇ Hacer preguntas y dialogar sobre la historia
- ✤ Sonido Bíblico (5 minutos)
- ✤ Memorizar Escritura Bíblica (5 minutos)
- ✤ Cantar juntos (5-10 minutos)
- ✤ Oración Familiar (5-10 minutos)
    - ◇ Familia, amigos, los perdidos, líderes del gobierno
    - ◇ Escuchar ocasionalmente *
- ✤ Bendición de las Escrituras (2 minutos)

3. **Edades Mixtas: Devocional Diario o Semanal para antes de acostarse (30-45 minutos)**
    - Leer Historia Bíblica (10-15 minutos)
        - Actuar una historia
    - Sonido Bíblico (10 minutos)
    - Memorizar Escritura Bíblica (5 min)
    - Oración Familiar (5-10 minutos)
        - Familia, amigos, los perdidos, líderes del gobierno
    - Bendición de las Escrituras (2 minutos)
    - El padre canta un canto sobre cada niño como una bendición antes de dormir
        - Arrulla a los niños más pequeños cuando sea posible

4. **Edades Mixtas: Devocional Diario o Semanal para antes de acostarse (25-40 minutos)**
    - Leer Historia Bíblica (10-15 minutos)
        - Responda a preguntas y dialogue sobre la historia
        - Permita que los niños dirijan el diálogo
    - Cantar juntos (10-15 minutos)
    - Oración Familiar (5-10 minutos)
        - Familia, amigos, los perdidos, líderes del gobierno
        - Escuchar ocasionalmente*
    - Bendición de las Escrituras (2 minutos)

Devocionales Cortos (Noches tarde, Conduciendo a Casa, Día Agitado)

1. **Niños Pequeños: (10-15 minutos)**
    - Los padres leen una historia de *Jesus Storybook Bible* (5 minutos)
        - Señale temas importantes, ideas

- ✤ Oración Familiar (5 minutos)
    - ◇ Familia, amigos, los perdidos, líderes del gobierno
- ✤ Bendición del Padre (2 minutos)

2. Edades Mixtas: (10-15 minutos)

- ✤ Los padres leen una Historia Bíblica de cualquier Biblia infantil
    - ◇ Señale temas importantes, ideas
- ✤ Oración Familiar (5 minutos)
    - ◇ Familia, amigos, los perdidos, líderes del gobierno
- ✤ Bendición del Padre (2 minutos)

3. Edades Mixtas: (10-15 minutos)

- ✤ Sonido Bíblico (5 minutos)
- ✤ Oración Familiar (5 minutos)
    - ◇ Familia, amigos, los perdidos, líderes del gobierno
- ✤ Bendición del Padre (2 minutos)

4. Edades Mixtas: (15-25 minutos)

- ✤ Leer Historia Bíblica (5-10 minutos)
    - ◇ Señale las ideas clave
- ✤ Oración Familiar (5-10 minutos)
    - ◇ Familia, amigos, los perdidos, líderes del gobierno
- ✤ Bendición del Padre (2 minutos)

Otras Ideas Simples para Devocionales

1. Actúe una historia bíblica con trajes hechos en casa
2. Enseñe a los niños sus cantos favoritos de adoración.

3. Escoja un país, aprenda sobre el país, y ore por ese país.
4. Camine alrededor del vecindario y ore por sus vecinos.
5. Celebre el aniversario de cuando Dios contestó una oración familiar. Por ejemplo, Dios salvó a la abuela de cáncer el año pasado. Lección: Recordando que las victorias del pasado nos da esperanza en las luchas futuras.
6. Forme un círculo y en el centro coloque una foto de una familia misionera. Entonces oren por ellos de nombre.

Escuchar – Una cosa que los padres olvidan hacer es simplemente escuchar a Dios. Todos estaríamos de acuerdo que tanto como nuestra naturaleza humana y el enemigo nos dice mentiras – *No eres inteligente. No puedes hacerlo. Eres feo. Eres un niño malo-* y otras mentiras. Podemos despedirlos como inofensivos o podemos ser intencionales en enseñar a nuestros hijos a "llevar cautivo todo pensamiento" (2 Corintios 10:5).

Una práctica sencilla es simplemente que sus hijos escuchen a Dios. Deles una simple pregunta para repetir y luego ayúdeles a emparejarlo con el carácter de Dios para que puedan aprender a reconocer la verdad. Queremos enseñarles a combatir las mentiras como lo hizo Jesús – con la verdad que se encuentra en las escrituras – pero primero necesitamos ayudarles a reconocer las mentiras. Un ejemplo sería preguntar: "¿Qué piensas de mí, Dios?" Si ellos "escuchan" algo, puede uno preguntarles si eso se escucha como algo que Dios diría. Siempre debe comenzar sus preguntas con el hecho de que si escuchan algo o no escuchan algo, eso no es el punto. El punto es recordar que Dios quiere hablar con nosotros, y que debemos honrarlo simplemente "escuchando" de vez en cuando. El que ellos escuchen les ayuda a comprender prácticamente que a Dios le gusta construir y no destruir. Y siempre es importante preguntar si recuerdan un escritura bíblica durante la oración. Esto les ayuda a entender que la forma predominante de Dios de hablarnos es a través de su palabra.

Herramientas Provistas en este Libro

34 Historias Bíblicas con Preguntas y Respuestas Provistas

Después de leer una historia, puede ser útil tener preguntas preparadas con respuestas para que cualquier padre pueda sentirse seguro de que están sacando elementos clave de la historia. Las preguntas y respuestas intentan ayudar a enseñar a los niños. También les ayuda a desarrollar una visión más amplia de la historia y proporciona una base sólida para la comprensión de todas las escrituras.

Sonido Bíblico/Catecismo (Tres provistos)

El catequizar significa instruir sistemáticamente, especialmente con preguntas, respuestas, explicaciones y correcciones. Por lo tanto, un catecismo es el manual o son las preguntas que se usan para catequizar a alguien. Con el fin de evitar cualquier connotación negativa de la palabra *catecismo*, hemos decidido simplemente llamar a esta herramienta el Sonido Bíblico. Desde la historia de la iglesia primitiva hasta el día de hoy, esta herramienta probada a través del tiempo ayuda a enseñar verdades bíblicas que son vitales para una buena comprensión de quién es Dios y lo qué su palabra dice.

A primera vista, puede parecer que catequizar a los niños pequeños no trabaja, pero es increíble cuánto pueden absorber los niños pequeños. De hecho, los primeros años del desarrollo es cuando un padre quiere introducir la mayor cantidad de información posible. A medida que los niños se desarrollan, esta información se convierten en el pozo del que sacan ayuda cuando sus cerebros desarrollan el razonamiento.

Incluso con niños tan pequeños como dos o tres, usted puede hacer una pregunta por semana y cubrir 52 preguntas en un año. Usted se sorprenderá de cómo los niños recuerdan las respuestas y aún más asombroso es cómo usted las recuerda también. Lo mejor es que usted está leyendo las preguntas con respuestas en frente de usted, y no necesita saber nada. Muchos padres, incluyendo el autor, han terminado catequizándose a sí mismos mientras catequizan a sus hijos.

Usted puede investigar esto más en línea. *Family Shepards: Calling and Equipping Men to Lead Their Homes* por Voddie Baucham, le mostrará cómo esto podría caber en el discipulado de la familia.

Bendiciones de las Escrituras

Estas bendiciones son simplemente pasajes de las escrituras que han sido algo personalizadas para que un padre, madre, abuelos o incluso hermanos mayores puedan orar sobre los niños. Este simple ritual nocturno no sólo le da a los padres y madres la capacidad de orar pasajes de las escrituras sobre sus hijos, sino que también crea la anticipación de ser bendecido por un padre cada noche. El método común es que el padre o la madre coloque su mano sobre la cabeza de cada niño y diga esas bendiciones. Además, estas oraciones pueden usarse para enseñar a un niño a bendecir a otras personas como sus hermanos o incluso sus padres. Usted puede dejar que los niños se turnen al escoger la oración cada noche y disfrutar de la mirada en sus ojos mientras intentan escoger la oración perfecta. Children Desiring God ha producido un recurso llamado *A Father's Guide to Blessing*

His Children que usted puede comprar para obtener una comprensión bíblica de lo que significa una bendición. De hecho, muchas de las bendiciones que proporcionamos son inspiradas por este recurso, y algunas son las mismas. Todo el crédito va a ellos en permitirnos ser parte de su éxito.

Recomendaciones de Cantos

Los niños no deben ser los únicos que cantan a Dios y de Dios. Ellos necesitan ver a sus padres alabarlo también. Los cantos recomendados no son más fundamentales que otros cantos. Pero nuestra esperanza es que su familia descubra cantos que se conviertan en sus cantos familiares y que sus hijos vean el modelo de sus padres alabando a Dios en el hogar. Una gran idea es encontrar videos de estos cantos en el Internet para que puedan aprender la melodía.

Diccionario de Términos Bíblicos Comunes

Estas son definiciones breves que esperamos permanezcan fieles a la Biblia, pero que son fáciles de entender.

Breve Resumen de los Libros del Antiguo Testamento para Referencia o Memorización

Estos son resúmenes simples y concisos que le darán una visión rápida de cada libro. A medida que los niños crecen, estos resúmenes pueden convertirse en buenas herramientas de memoria para conocer mejor la Biblia.

Sugerencias de Pasajes Bíblicos para Memorizar

Una cosa que lamento es que sólo me enseñaron versículos individuales cuando yo era niño. Pero la niñez es el mejor tiempo para aprender porciones de las escrituras. Los cerebros de los niños no están lo suficientemente desarrollados como para razonar y pensar claramente a través de un devocional, pero pueden retener grandes cantidades de información. La niñez es el mejor momento para introducir, tanto como sea posible y a medida de que crecen, pueden pasar de memorizar a trabajar con la información y luego pasar al razonamiento. Memorizar a una temprana edad asegura que tengan un pozo profundo del cual sacar información.

Algunas sugerencias: Use movimientos de mano para cada versículo cuando sea posible. Esto hace que sea divertido y también ayuda a memorizar. Por ejemplo, "El Señor es mi pastor, nada me faltará" (Salmo 23:1), simplemente apunte al cielo cuando diga *Señor* y apunte a si mismo cuando diga *mi*. Realmente es así de simple. Mis hijos han estado aprendiendo Romanos 8 por un tiempo y tenemos movimientos para algunos de los versículos y para otros no. No se trata de tener movimientos de mano perfectos para cada versículo. Se trata de llenar sus mentes con pasajes bíblicos que serán incrustados en sus corazones y sus mentes. Simplemente haga lo que funcione para su familia, ya sean movimientos de mano o memorizando cada versículo a un ritmo – cualquier cosa que ayude a la memoria.

Historias Bíblicas del Discipulado Familiar

1

Antes de "en el Principio"

(Apocalipsis 13:8; 1 Pedro 1:20; Efesios 1:4–5; Colosenses 1:17; Proverbios 8:22–29)

La Biblia comienza con la frase "en el principio", pero antes de "en el principio", sólo había Dios. Hay un solo Dios – Dios el Padre, Dios el Hijo y Dios el Espíritu Santo. Dios siempre lo ha sido, y siempre lo será. Él es eterno. Esto es lo que le hace Dios. Nadie es como Él, y nadie piensa como Él. Dios también es soberano, lo que significa que tiene el derecho, el poder y la autoridad para estar a cargo. Porque es soberano, Él hace lo que le agrada, y todo lo que agrada a Dios es bueno. Él es bueno no sólo porque crea cosas buenas y siempre ama de una buena manera, sino porque bueno es simplemente quién Él es. Cuando queremos aprender acerca de Dios, siempre tenemos que recordar que todo lo que Él hace es bueno, y todos sus planes le traen la gloria.

Antes de que Dios hiciera todo, Él planeó todo hasta el último detalle. Dios escogió crear porque le agradaba. Le hizo feliz compartir su inmenso y perfecto amor con nosotros. Toda la creación, todo ser viviente, fue diseñada, y dada la vida por Dios.

Dios escogió crear al hombre a su imagen, diferente de los animales. Dios ya sabía que los hombres nunca serían perfectos como Él y que tendrían que ser rescatados. Dios planeó y escogió a la gente que rescataría incluso antes de que los hizo. Los escogió incluso antes de hacer el mundo. Él hizo esto para que su pueblo supiera que ellos eran su creación especial, no porque fueran buenos o porque harían cosas buenas, sino simplemente porque le agradaba elegirlos. Dios incluso planeó la forma en que los rescataría. Planeó enviar a su hijo a morir, ser sepultado y resucitado de entre los muertos para poder rescatar a los que Él escogió.

La Biblia es la palabra de Dios, y nos dice todo acerca de Dios, la historia de sus hijos, su creación, sus enemigos y su Hijo. La Biblia también nos dice cómo Dios tiene cosas buenas planeadas para aquellos que lo aman y cómo todo le traerá gloria.

Al igual que los tiempos en que tienes que confiar que tus padres quieren cosas buenas para ti, incluso cuando no lo entiendes o no estás de acuerdo con ellos. Hay momentos en los que tienes que confiar en la bondad de Dios para ti, incluso cuando no entiendes lo que Él está haciendo, Dios sigue siendo bueno y traerá gran gozo a aquellos que confían en Él. Recuerda, Dios ya hizo su plan, y su plan es bueno. Y todo esto fue planeado hace mucho tiempo, antes de "en el principio".

Preguntas:

❝ ¿Hizo Dios su plan después o antes de que el hombre pecó?
  ◆ *Dios hizo un plan aun antes de la creación.*

❝ ¿Por qué Dios hace las decisiones que Él hace?
  ◆ *Porque le traen gloria a Él.*

❝ ¿Escogió Dios rescatar a sus hijos antes o después de la creación?
  ◆ *ios escogió rescatar a sus hijos aun antes de que Él los hiciera.*

2

La Creación del Mundo

(Génesis 1-2)

En el principio, antes de que existiera lo que vemos hoy, estaba Dios. Dios era todo lo que había. Hay un solo Dios – Dios el Padre, Dios el Hijo, y Dios el Espíritu Santo. "Y dijo Dios, '¡Que exista la luz!', y la luz llegó a existir" (Génesis 1:3). Así que, la luz brilló fuera de la oscuridad, y algo vino de la nada. De la misma manera, Dios creó el aire y el agua, la tierra y el mar, el sol, la luna y las estrellas, las aves del cielo, los peces del mar, los animales de la tierra y al hombre.

Todo lo que vemos hoy fue creado a partir de un desbordamiento del amor entre Dios el Padre, Dios el Hijo, y Dios el Espíritu Santo. En seis días, Dios creó todo. Él hizo los animales volar sobre el agua y la tierra. Hizo patos, cuervos, palomas, águilas y petirrojos. Hizo los animales que viven en el agua – langostas, caracoles, tiburones, ballenas, delfines y muchos peces de colores que ni siquiera podemos contarlos todos. También hizo los animales terrestres – tigres, elefantes, monos, jirafas, perros, gatos, e incluso el poderoso león.

Pero Dios guardó su mejor trabajo para el último. Él dijo, "Hagamos al hombre a nuestra imagen, conforme a nuestra semejanza" (Génesis 1:26). Y Dios creó al primer hombre, Adán, del polvo de la tierra. De la costilla del primer hombre, Dios hizo a la primera mujer, Eva. Se la dio a Adán como ayudante. Adán debía protegerla y amarla porque ella era necesaria para ayudarlo a llevar a cabo el plan de Dios. Dios hizo que el hombre gobernara sobre todas las cosas vivientes y le dijo que fuera fructífero y se multiplicara.

Dios puso a Adán y Eva en un jardín perfecto y les dio todo lo que necesitaban. Y lo mejor de todo, Dios les dio a sí mismo. Adán y Eva vivían en la presencia de Dios. Podían caminar en el jardín con Dios y disfrutar de toda su creación.

Entre todas las plantas y los árboles del jardín, estaban el árbol de la vida y el árbol del conocimiento del bien y del mal. Dios le dio a Adán instrucciones específicas

de no comer del árbol del conocimiento del bien y del mal. Si lo hiciera, moriría. Todo lo que Adán tenía que hacer era confiar en Dios, disfrutar de su creación y darle gloria al obedecer sus mandamientos.

Dios miró todo lo que había hecho y dijo que era bueno. Al día siguiente, el séptimo día, Dios descansó y lo llamó santo.

Preguntas:

❝ ¿De qué hizo Dios todo?
  ◆ *De nada.*

❝ ¿De qué hizo Dios a Adán y a Eva?
  ◆ *Él hizo a Adán del polvo de la tierra e hizo a Eva de la costilla de Adán.*

❝ A quién le dijo Dios que no comiera del árbol del conocimiento del bien y del mal, ¿Adán o Eva?
  ◆ *Dios le dijo a Adán.*

3

La Creación del Mundo Espiritual

(Génesis 1:1; Job 38:4-7; Salmos 8; Isaías 14:12-15; Ezequiel 28:11-19;
Lucas 10:18; Apocalipsis 12:1-9)

Cuando Dios creó los cielos y la tierra, los ángeles ya estaban allí. Dios los creó para cumplir sus propósitos. Cuando los ángeles vieron el gran poder de Dios, la belleza, la creatividad, ellos cantaron juntos y gritaron de alegría, dando gloria y alabanza a Dios el Altísimo.

Había un ángel cuyo nombre era Lucifer, que significa estrella brillante de la mañana. Él era el líder de los ángeles. Cuando vio la alabanza que los otros ángeles daban a Dios, se puso celoso. Lucifer decidió en su corazón que iba a elevar su trono sobre el trono de Dios y ser como Dios. Lucifer entonces se propuso a engañar a los otros ángeles y convencerlos de que lo adoraran a él en lugar de a Dios. Un tercio de todos los ángeles comenzaron a seguir a Lucifer en lugar del único Dios verdadero.

Pero Dios lo sabe todo. Él sabía lo que Lucifer estaba pensando y haciendo. Lucifer puede haber pensado que estaba siendo astuto, pero nada puede ocultarse de Dios. Así que Dios juzgó a Lucifer y a los ángeles que había engañado. Los expulsó del cielo y dijo que un día castigaría a Lucifer y a los ángeles que le habían seguido. Dios cambió el nombre de Lucifer a Satanás, y los ángeles que le siguieron fueron llamados demonios. Satanás también es llamado la serpiente o el engañador.

Hasta el día de hoy, Satanás sigue conduciendo a sus demonios en una rebelión contra Dios. Ellos son los enemigos de Dios. Satanás y sus demonios vagan por la tierra tratando de engañar a la gente para que sigan a Satanás en lugar de amar, confiar, y obedecer a Dios. Pero como Dios es omnisciente y todopoderoso, nunca tenemos que temer a sus enemigos. Podemos confiar en Dios, sabiendo que Él es bueno. Nada puede ocultarse de Él, y nada puede detener sus planes.

Preguntas:

❝ ¿Para qué fueron creados los ángeles?
   ◇ *Para servir los propósitos de Dios.*

❝ ¿Qué hacen los ángeles rebeldes (los demonios)?
   ◇ *Tratan de engañar a la gente para que sigan a Satanás en lugar de seguir a Dios.*

❝ ¿Deberíamos tener miedo de los demonios y de su trabajo?
   ◇ *No. Dios es bueno, omnisciente, y todopoderoso. Nada puede detener sus planes.*

4

La Caída del Hombre

(Génesis 3)

¿Recuerdas cuando Dios puso a Adán y a Eva en el jardín perfecto que había creado y les dijo que podían comer de cualquier árbol del jardín, excepto el árbol del conocimiento del bien y del mal? Un día, cuando Adán y Eva estaban en el jardín, una serpiente, que era realmente Satanás, el engañador, vino a ellos. La serpiente le preguntó a Eva, "¿Es verdad que Dios les dijo que no comieran de ningún árbol del jardín?" (Génesis 3:1). Aunque Adán – el que había oído directamente de Dios que podía comer de cualquier árbol excepto uno – también estaba allí, pero se quedó callado y dejó que Eva respondiera. Eva dijo, "Podemos comer del fruto de todos los árboles. Pero, en cuanto al fruto del árbol que está en medio del jardín, Dios nos ha dicho, 'No coman de ese árbol, ni lo toquen; de lo contrario, morirán'" (Génesis 3:2-3).

Pero eso no fue lo que Dios había dicho. Adán falló en honrar y obedecer a Dios al no corregir a Eva y no decirle a la serpiente la verdad. La serpiente entonces tentó a Eva con una mentira, diciéndole que comer el fruto del árbol del conocimiento del bien y del mal la haría igual a Dios, y que esta era la verdadera razón por la que Dios lo había prohibido. Al ser engañada, ella sostuvo la fruta en sus manos y tomó un bocado. Entonces ella le ofreció la fruta a Adán, y él también comió.

En ese momento, todo cambió. De repente, Adán y Eva vieron todo de manera diferente. Se dieron cuenta de que estaban desnudos y habían estado desnudos desde que Dios los creó. Hasta ese momento, no habían sentido vergüenza porque constantemente sentían el gran amor de Dios por ellos. Comer la fruta cambió todo. Ahora, se avergonzaban y trataron de esconderse de Dios. Pero recuerda, Dios lo sabe todo. Por lo tanto, Dios fue a buscarlos en el jardín y llamó a Adán, "¿Dónde estás?" (Génesis 3:9). Adán respondió, "Escuché que andabas por el jardín, y tuve miedo porque estoy desnudo. Por eso me escondí" (Génesis 3:10). Debido a su gran amor, Dios le estaba dando a Adán la oportunidad de decir la verdad. Pero Adán eligió no hacer eso. Incluso culpó a Dios porque fue Él quien le dio a Eva.

Eva fue engañada, pero Adán era el responsable. Adán pecó. El pecado es cualquier pensamiento, acción, o actitud que no trae gloria a Dios. Como resultado del pecado de Adán, Dios maldijo a la serpiente y la tierra, y expulsó a Adán y a Eva del jardín. Pero ese no fue el final de la historia. Dios ya estaba haciendo algo asombroso que Adán y Eva no podían entender. Incluso cuando los expulsó del jardín, Dios misteriosamente declaró que un día un hombre como Adán, nacido de una mujer, aplastaría la cabeza de la serpiente, al pecado, y a la muerte. Y todas las cosas serían buenas, como en el principio.

La Caída del Hombre

Preguntas:

❝ ¿Fue Adán o Eva responsable de traer el pecado y la muerte al mundo, y por qué?
  ◇ *AAdán fue el responsable porque a él fue a quien Dios dio las instrucciones y no a Eva.*

❝ ¿Estaba Adán con Eva cuando fue engañada por la serpiente?
  ◇ *Sí, Adán estaba con Eva en el jardín.*

❝ ¿Quién crees que es el hombre como Adán que Dios dijo que algún día aplastaría a la serpiente?
  ◇ *Jesús (Dios el Hijo).*

Historias Bíblicas

5

La Historia de Job

(Job 1 - 42)

Vivía en la tierra de Uz, un hombre llamado Job. Él era un hombre justo. Tenía 10 hijos, y era muy rico. Pero Job no dejaba que las riquezas lo distrajera de temer a Dios. Así que Job se mantuvo alejado del mal.

Un día los ángeles vinieron ante Dios. Satanás, quien había estado vagando por la tierra, también se unió a ellos. Dios señaló a Job, diciendo que era un hombre sin culpa y recto, que temía a Dios y se había apartó del mal. Satanás dijo que era sólo porque Dios había protegido a Job, había bendecido su trabajo y le había dado grandes riquezas. Satanás argumentó que si Dios permitía que le quitaran a Job todas sus posesiones, Job maldeciría a Dios. Dios permitió que Satanás le quitara las posesiones, pero le prohibió a Satanás dañar el cuerpo de Job.

Satanás destruyó toda las riquezas de Job e incluso mató a sus 10 hijos. Sin embargo, Job permaneció fiel a Dios. Él dijo, "El Señor ha dado; el Señor ha quitado. ¡Bendito sea el nombre del Señor!" (Job 1:21).

Así que Satanás regresó ante Dios. Una vez más, Dios señaló a Job y declaró que él había permanecido fiel a pesar de haber sufrido la pérdida de todos sus hijos y sus posesiones. Satanás dijo que Job seguramente maldeciría a Dios si su cuerpo se enfermara y tuviera que sufrir dolor físico. Entonces Dios permitió que Satanás trajera enfermedad a Job, pero dijo que no podía matarlo.

Satanás afligió a Job con dolorosas llagas desde la planta de sus pies hasta la cumbre de su cabeza. Una vez que Satanás hizo esto, los amigos de Job lo acusaron de hacer el mal. Incluso su esposa le dijo que maldijera a Dios y que muriera. Pero Job todavía no maldijo a Dios y no pecó. Job tenía tres amigos que estaban convencidos de que el sufrimiento de Job era el castigo de Dios por algo que hizo. No podían creer que Dios permitiría que un hombre justo y recto sufriera tanto.

Una y otra vez a través de su sufrimiento, Job le rogó a Dios que hablara con él. Finalmente, Dios concedió la petición de Job y Dios comenzó a hacerle preguntas las cuales eran imposibles de que Job contestara. Cada pregunta era un recordatorio de que Dios es mucho más grande y sabio que cualquier hombre. Las fuertes preguntas de Dios humillaron a Job y,

La Historia de Job

lo que es más importante, lo cambiaron. Job dijo que antes del tiempo del sufrimiento, sólo había oído hablar de Dios. Pero después de este encuentro, sintió que realmente había visto a Dios. Al final, Dios restauró a Job con bendiciones aún mayores que antes. La mayor bendición fue que Job ahora conocía mejor a Dios.

Preguntas:

❝ ¿Podría Satanás atacar a Job sin el permiso de Dios?
  ◇ *No. Satanás sólo podía afligir a Job o quitar sus posesiones con el permiso de Dios.*

❝ ¿Qué pasó cuando Dios finalmente respondió a Job y comenzó a hacerle preguntas?
  ◇ *Job se humilló y se dio cuenta de que Dios es mucho más sabio que cualquier hombre.*

❝ ¿Crees que al final Job estaba contento o triste de haber pasado por sufrimiento?
  ◇ *Job estaba contento porque le ayudó a conocer mejor a Dios.*

Historias Bíblicas

6

La Inundación: parte 1

(Génesis 6–7)

Después de que Adán pecó y fue enviado fuera del jardín, todo comenzó a cambiar. El pecado se hizo parte de todos los que vivían, y la muerte llegó a toda la creación. La gente hizo dioses falsos en lugar de servir al único Dios verdadero. El corazón de Dios estaba triste debido a todo el pecado en el mundo. Había creado todo lo bueno, y ahora, a causa del pecado de Adán, la maldad estaba en todas partes. Dios estaba tan triste que decidió destruir a todos en la tierra, incluyendo a todos los animales, aves y plantas.

Pero había un hombre que no era como todos los demás. Su nombre era Noé. Era un buen hombre que agradaba a Dios. Así que Dios invitó a Noé a participar en su plan. Dios le dijo a Noé que construyera un enorme barco llamado arca porque iba a hacer llover tanto, que el mundo entero se inundaría. Debido a que Dios ama a toda su creación, le dijo a Noé que reuniera a los animales de dos en dos y los llevara al arca. Dios le prometió a Noé que si seguía sus instrucciones y construía el arca y traía a los animales dentro de ella, Noé y toda su familia se salvarían del diluvio.

Pero cuando Dios le dijo a Noé que construyera el arca, nunca había llovido sobre la tierra. ¿Te imaginas lo que sería construir un barco cuando no hay agua alrededor? Dios le estaba pidiendo a Noé que confiara en Él a pesar de que todos se burlarían de él.

Así que día tras día, año tras año, Noé poco a poco construyó el arca. Noé esperó y confió en Dios durante 120 años. Entonces, agua empezó a gotear, gotear, y gotear. Finalmente empezó a llover.

Noé había hecho todo lo que Dios le había pedido. Construyó el arca y subió a los animales. Entonces, Dios cerró la puerta, y Noé y su familia vieron como las lluvias caían. La lluvia comenzó a llover tan rápido que el desierto pronto se convirtió en un lago. Después de 40 días y 40 noches de tormentas increíbles, toda la tierra

La Inundación: parte 1

se inundó. Todas las personas que una vez estuvieron en la tierra desaparecieron, borradas por el poderoso diluvio de Dios. Todos los árboles y montañas – *todo* – estaban bajo el agua. Pero a pesar de que Dios destruyó todo, cumplió su promesa y salvó a Noé y a su familia.

Preguntas:

❝ ¿Por qué todos en el mundo cambiaron y qué pasó con toda la creación?
  A causa de la desobediencia de Adán, el pecado se hizo parte de todos, y la muerte vino a toda la creación.

❝ ¿Por qué construyó Noé un barco donde no había agua?
  Porque confiaba en Dios que al construir un barco, su familia serían salvados del diluvio.

❝ ¿Qué promesas cumplió Dios en la historia de la inundación?
  Que destruiría toda la creación y que salvaría a la familia de Noé.

7

La Inundación: parte 2

(Génesis 8–9)

Noé era amigo de Dios cuando todas las demás personas se habían alejado de Dios. De hecho, la gente era tan mala que Dios destruyó no sólo a la humanidad, sino también a toda su creación. Dios le dijo a Noé que construyera una arca, reuniera a dos de cada animales y llevara a su familia dentro del arca porque iba a inundar la tierra. Dios siendo fiel a su palabra, hizo todo lo que había dicho que haría. Salvó a la familia de Noé y a los animales en el arca mientras inundó la tierra y destruyó toda la creación fuera del arca.

Después de 150 días, Dios hizo que el agua bajara, y el arca llegó a las montañas de Ararat. Unos meses más tarde, Noé envió una paloma para ver si las aguas de la tierra se habían secado. Pero la paloma no encontró ningún lugar seco y regresó al arca. Noé esperó siete días más y envió a la paloma de nuevo. Esta vez, la paloma volvió con una hoja de olivo, así que Noé supo que la tierra estaba seca. Siete días después, Noé envió otra paloma, y la paloma no regresó. Noé entonces supo que la tierra estaba lista para que su familia y los animales salieran del arca.

Noé y su familia se bajaron del arca y descargaron todos los animales. Lo primero que hicieron Noé y su familia sobre la tierra seca, fue adorar al Señor. Noé construyó un altar y sacrificó algunos de los animales a Dios como una manera de mostrarle a Dios cuánto lo amaba y confiaba en Él. Entonces Dios hizo una promesa segura e irrompible con Noé llamado un pacto. Dios podía hacer esto porque Él es completamente confiable. La promesa del pacto de Dios era que Él nunca más destruiría la humanidad o a toda criatura viviente con un diluvio debido a la maldad del hombre.

Lo que Dios hizo después es algo que todavía vemos hoy. Puso un arco iris en el cielo como señal de su promesa. Lo bueno es que el arco iris no sólo nos recuerda de la promesa de Dios. Dios lo ve y recuerda Su promesa, también. Hoy en día, la gente es tan mala como lo eran durante el tiempo de Noé. Esto entristece a Dios a causa de su gran amor por su creación. Pero debido a su promesa, nunca más destruirá de nuevo con un diluvio. Dios siempre cumple sus promesas. Recuerda esto la próxima vez que veas un arco iris en el cielo.

La Inundación: parte 2

Preguntas:

❝ ¿Cómo se llama la más fuerte y más segura promesa?
◇ *Un pacto.*

❝ ¿Por qué un pacto hecho por Dios nunca puede ser roto?
◇ *Porque Dios es completamente confiable.*

❝ ¿Hay alguna situación en la que Dios podría destruir la tierra de nuevo con una inundación?
◇ *No. Dios nunca hará eso otra vez.*

Historias Bíblicas

8

Torre de Babel: Dios sabe Todo

(Génesis 11:1–9)

En un tiempo, el mundo entero tenía un solo idioma. Eso hizo la vida fácil para todos. Pero la gente pecó y trató de hacerse famosa en lugar de dar gloria a Dios. Dios sabe todas las cosas y ha planeado las cosas desde el principio, así que ya sabía cómo usaría esta situación para traer la gloria que se merece.

En su pecado, la gente de la tierra se dijeron unos a otros, "Construyamos una ciudad con una torre que llegue hasta el cielo. De ese modo nos haremos famosos y evitaremos ser dispersados por toda la tierra" (Génesis 11:4).

Dios nuestro Señor bajó del cielo para ver lo que la gente estaba haciendo. Dios siempre está en todas partes en todo tiempo, pero esta es una forma de decirnos que Dios se reduce a sí mismo a nuestro nivel. Cuando Dios vio lo que la gente estaba haciendo, dijo:

> He aquí, todos forman un solo pueblo y hablan un solo idioma; esto es sólo el comienzo de sus obras, y todo lo que se propongan lo podrán lograr. Será mejor que bajemos a confundir su idioma, para que ya no se entiendan entre ellos mismos.
>
> —Gen. 11:6–7

Historias Bíblicas

Así que Dios confundió su idioma y dispersó a la gente por todo el mundo.

Cuando Dios le dio a la gente diferentes idiomas, todo cambió. De repente, no podían entenderse. En lugar de ser un solo pueblo, todos eran diferentes. Cuando no podemos entender a alguien hoy, decimos que están balbuceando. La torre que el pueblo estaba construyendo fue nombrada la Torre de Babel porque una vez que Dios confundió su idioma, no podían entender el uno al otro.

Recuerda, Dios lo sabe todo, por lo tanto sabía que finalmente rescataría a la gente de cada nación y le adorarían juntos. Pero para hacer esto, la gente tendría que ser dispersada por todas partes de la tierra y hablar diferentes idiomas. En lugar de hacerlo al principio de la creación, esperó hasta que las personas adecuadas se reunieron de manera incorrecta. Es por eso que las personas de diferentes naciones son tan importantes para Dios. También es por eso que no juzgamos a las personas por el color de su piel o porque hablan un idioma diferente. Dios hizo que la gente se viera diferente y hablara de diferentes maneras porque un día Él será alabado por cada nación y cada lengua. Adoptará a personas de todo el mundo para que sean sus hijos. La adopción es cuando alguien es especialmente elegido para ser parte de una familia. Es algo maravilloso ser adoptado, y es una parte grande del diseño de Dios y su maestría.

Torre de Babel: Dios sabe Todo

Preguntas:

❝ ¿Por qué la gente quería construir una torre?
  ◆ *Para que pudieran hacerse famosos y no ser dispersados por toda la tierra.*

❝ ¿Qué hizo Dios cuando la gente decidió hacerse famosa?
  ◆ *Les dio diferentes idiomas que los confundió, y luego los dispersó por todo el mundo.*

❝ ¿Cómo fue el crear diferentes personas con diferentes idiomas parte del plan de Dios?
  ◆ *Fue parte de su plan de que un día Él será alabado por cada nación y cada lengua.*

9

Abraham e Isaac: Dios es Fiel

(Génesis 12–22)

Había una vez un hombre llamado Abram. Un día Dios le dijo, "Deja tu tierra, tus parientes y la casa de tu padre, y vete a la tierra que te mostraré" (Génesis 12:1). El Señor también le dijo a Abram que en él, todas las familias de la tierra serían bendecidas. Abram escuchó este mensaje cuando tenía 75 años. Abram dijo, "Como no me has dado ningún hijo, mi herencia la recibirá uno de mis criados" (Génesis 15:3). Pero Dios le dijo que mirara afuera y tratara de contar las estrellas. Entonces Dios le dijo que algún día él tendría tantos hijos como hay estrellas. Abram creyó esto, y Dios consideró su fe recta, sin culpa. Ser recto o sin culpa le agrada a Dios. ¿No es una locura que todo lo que tienes que hacer para agradar a Dios es *creer* en Dios? Abram no tenía que hacer nada excepto confiar en lo que Dios le dijo. Así que Abram empacó y fue a la tierra que Dios le mostró.

Dios es tan poderoso que incluso le dijo a Abram en un sueño que un día sus descendientes serían esclavos en una tierra extraña, pero que Él los libraría. ¿Y adivina qué? Un día esto sucedió como Dios dijo. Dios siempre cumple su palabra. Él es tan impresionante que incluso hoy día habla donde podemos oírlo —en la Biblia, en los sueños, en las visiones o en silencio a nuestros corazones— diciéndonos cosas que quiere que sepamos.

La esposa de Abram se llamaba Sarai. En lugar de esperar a que Dios cumpliera su promesa, Sarai creó su propio plan. Es triste, porque al igual que Adán, Abram escuchó a su esposa en lugar de a Dios. Debido a que ella era demasiada vieja para tener hijos, le dijo a Abram que tuviera un hijo con su sirvienta Agar. Agar dio a luz a un niño llamado Ismael, pero él no era el hijo que el Señor prometió. Cuando Abram tenía 99 años, Dios le habló y le dijo que pronto cumpliría su promesa. Entonces Dios cambió el nombre de Abram a Abraham, que significa padre de una multitud. El Señor también cambió el nombre de Sarai a Sara, que significa princesa.

Era increíble que Abraham le creyera a Dios ya que Sara tenía 99 años. Abraham preguntó por qué Dios no sólo usaba a Ismael. Pero Dios dijo, "¡Pero es Sara, tu esposa, la que te dará un hijo, al que llamarás Isaac! Yo estableceré mi pacto con él y con sus descendientes, como pacto perpetuo" (Génesis 17:19). Una vez más, Abraham creyó lo que Dios dijo.

Un año más tarde, Sara dio a luz a un niño, tal como Dios lo prometió, y lo llamaron Isaac. En su vejez, Abraham amó mucho a Isaac. Isaac era el hijo de la promesa.

Preguntas:

❝ ¿Por qué Dios considera a Abraham un hombre recto?
  ◇ *Abraham creyó y confió en Dios.*

❝ ¿Qué fue lo que Dios dijo que un día sucedería a los descendientes de Abraham?
  ◇ *Que serían esclavos, pero Dios iba a liberarlos.*

❝ Abraham tuvo dos hijos, Ismael e Isaac. ¿Cuál fue el hijo de la promesa?
  ◇ *Isaac fue el hijo de la promesa.*

10

La Historia de Ismael

(Génesis 16–21)

Isaac era el hijo de la promesa. ¿Pero qué del otro niño, Ismael? Recuerda, la esposa de Abraham, Sara, tuvo un tiempo difícil esperando en Dios y decidió ayudar a Dios. Pero Dios no necesita la ayuda de nadie para realizar sus promesas. En lugar de esperar a Dios, a Sara se le ocurrió un plan para tratar de ayudar a Dios.

Al igual a lo que Adán hizo en el jardín, Abraham escuchó a su esposa en lugar de escuchar a Dios. El resultado fue que Abraham desobedeció a Dios y usó el plan de Sara. Sara tenía una esclava llamada Agar que era bastante joven para tener hijos. Ella le dio Agar a Abraham, y Agar tuvo a su hijo – Ismael. El único problema es que no era el plan de Dios. Pero lo maravilloso de Dios es que aun cuando desobedecemos, todavía muestra su gran amor por nosotros.

Cuando Isaac nació, Sara quiso que Ismael se fuera. Dios le dijo a Abraham que hiciera lo que Sara quería y que enviara a Agar y a Ismael lejos. Esto fue difícil para Abraham porque amaba a sus dos hijos, pero le dijo a Agar y a Ismael que se fueran. Mientras vagaban por el desierto, se quedaron sin agua, y Agar abandonó a Ismael bajo unos arbustos porque ella no podía soportar verlo morir. Un ángel de Dios apareció y le dijo a Agar que tomara a Ismael de la mano porque Dios iba a convertirlo en una gran nación. Entonces Dios abrió los ojos de Agar, y ella vio un pozo de agua que proveería lo que necesitaban para sobrevivir. Dios continuó con Ismael, y cuando creció, su familia se convirtió en una gran nación. Pero Dios también declaró que Ismael y sus descendientes estarían en contra de todos, y todos estarían en contra de ellos.

Así que Dios mostró su bondad a Abraham cuidando de su hijo primogénito, Ismael. Dios es bueno con nosotros de esa manera, aun cuando lo desobedecemos. A pesar de que Ismael no era el hijo de la promesa, la familia de Ismael se convirtió en una gran nación. Pero Abraham sabía que la bendición vendría por medio de Isaac y que por medio de su familia, el mundo entero sería bendecido.

Preguntas:

❝ ¿Cómo fue Abraham al igual que Adán, el primer hombre que Dios creó?
  ◇ *Al igual que Adán, Abraham escucho a su esposa en lugar de Dios.*

❝ ¿Era la madre de Ismael la esposa de Abraham?
  ◇ *No, la madre de Ismael era una mujer esclava llamada Agar.*

❝ Dios hizo que los descendientes de Ismael fueran una gran nación, pero ¿fue Ismael el hijo que Dios le había prometido a Abraham?
  ◇ *No, Isaac fue el hijo de la promesa.*

11

Isaac y la Promesa

(Génesis 22)

Abraham tenía 100 años cuando su esposa, Sara, dio a luz a un hijo. Dios le había dicho a Abraham que sus descendientes de ese hijo serían tan numerosos como las estrellas en el cielo. Abraham debe haber estado contento cuando nació su hijo porque el plan de Dios se estaba haciendo realidad. Él nombró a ese hijo Isaac. Entonces, un día el Señor hizo algo que parece ser una locura.

Dios probó a Abraham. Le dijo que sacrificara a Isaac. En aquel entonces, las personas que no seguían al verdadero Dios hacían un sacrificio tomando un animal, cortándolo y quemándolo en un altar. Esta era una manera de mantener una buena relación con sus dioses falsos. Pero las personas que seguían al verdadero Dios hacían un sacrificio de la misma manera, pero por razón diferente. Ofrecían un sacrificio porque amaban a Dios y querían mostrarle que era más valioso que cualquier cosa que ellos tenían.

La gente que amaba a Dios siempre sacrificaba animales, nunca a personas. Las personas, que están hechas al imagen de Dios, son su creación especial y atesorada. Así que cuando Dios le pidió a Abraham que sacrificara a Isaac, era diferente a cualquier cosa que Dios le había pedido a alguien. Uno pensaría que Abraham cuestionaría a Dios, pero en cambio, simplemente confió en que Dios sabía mejor.

Una mañana temprano, Abraham tomó a Isaac, junto con un poco de leña, y fue al monte Moria, donde Dios le dijo que sacrificara a Isaac.

Al subir la montaña, Isaac le preguntó a su padre dónde estaba el cordero para el sacrificio. Abraham dijo, "El cordero, hijo mío, lo proveerá Dios" (Génesis 22:8). Cuando llegaron al lugar que Dios había señalado, Abraham construyó un altar, ató a su hijo y lo puso encima de la leña. ¡Espera! ¿Abraham va a matar a su hijo amado, el hijo de la promesa? ¿Cómo tendrá descendientes si mata a su hijo?

Esas son buenas preguntas. Pero recuerda, Abraham aprendió a confiar en Dios pase lo que pase. Abraham tomó un cuchillo, lo levantó alto y estaba a punto de sacrificar a su hijo. En ese momento, un ángel del Señor dijo, "¡Abraham! ¡Abraham! . . . No pongas tu mano sobre el muchacho, ni le hagas daño. Ahora sé que temes a Dios, porque ni siquiera te has negado a darme a tu único hijo" (Génesis 22:11–12). Mientras Abraham miraba hacia arriba, vio un carnero atrapado en algunos arbustos. Tomó el carnero y lo sacrificó en lugar de su hijo. El ángel le dijo:

> Como has hecho esto, y no me has negado a tu único hijo, juro por mí mismo que te bendeciré en gran manera, y que multiplicaré tu descendencia como las estrellas del cielo y como la arena del mar.
>
> —Génesis 22:16-17

Dios probó a Abraham, y él pasó la prueba.

Isaac y la Promesa

Preguntas:

❝ ¿Por qué las personas que seguían al único Dios verdadero nunca sacrificaban a una persona?
  ◆ *Porque las personas están hechas al imagen de Dios.*

❝ Cuando Isaac preguntó que dónde estaba el animal del sacrificio, ¿qué le dijo Abraham?
  ◆ *Que Dios proveería el sacrificio.*

❝ ¿Qué sacrificó Abraham en lugar de su hijo Isaac?
  ◆ *Dios proveyó un carnero como sustituto.*

12

José: parte 1

(Génesis 37–40)

El hijo de Abraham, Isaac, se casó con Rebeca. Isaac y Rebeca tuvieron gemelos, Esaú y Jacob. Dios estaba en medio de esta familia dirigiendo a qué miembro de la familia usaría para sus propósitos. Así pues, antes de que los gemelos nacieran, a pesar de que Esaú era mayor y recibiría la bendición del primogénito, Dios dijo que el mayor serviría al menor. Eso significaba que la línea familiar de Jacob se usaría para cumplir la promesa de Dios a Abraham. Jacob descubrió quién era Dios a través de sus propias experiencias en la vida, y Dios cambió su nombre a Israel, que significa "el que lucha con Dios". Jacob finalmente tuvo hijos que serían parte del plan de Dios. Uno de ellos – José, el hijo de su vejez – Jacob amaba más que a los demás. Debido a su gran amor por José, Jacob le hizo una hermosa túnica de colores. Este regalo puso celosos a los hermanos de José. De hecho, era más que celos; se enojaron.

Dios habla de varias maneras. Habla principalmente a través de su palabra, pero también hay ocasiones en que habla a través de los sueños. Dios le habló así a José. Pero cuando José le contó los sueños a su familia, se enojaron mucho con él. Eso se debe a que en los sueños de José, él gobernaría sobre sus hermanos en el futuro. En el primer sueño, José y sus hermanos estaban en el campo atando gavillas de grano. La gavilla de José se levantó en alto, y las gavillas de sus hermanos se inclinaban ante la de José. Sus hermanos le preguntaron de inmediato, "¿De versa crees que vas a reinar sobre nosotros?" (Génesis 37:8). Ellos empezaron a odiar a José y quisieron deshacerse de él.

En el segundo sueño, los hermanos de José eran once estrellas, y su padre y su madre eran el sol y la luna. Las once estrellas y el sol y la luna se inclinaban ante José. Cuando José contó su sueño, su padre dijo, "¿Acaso tu madre, tus hermanos y yo vendremos a hacerte reverencia?" (Génesis 37:10). Los hermanos todavía seguían celosos, pero su padre meditó en todo lo que José había dicho.

Algún tiempo después, Jacob envió a José a cuidar de sus hermanos mientras pastoreaban los rebaños. Los hermanos lo vieron venir y decidieron matarlo. Cuando José llegó, lo despojaron de su hermosa túnica, la rompieron, la empaparon de sangre y le dijeron a su padre que un animal feroz había matado a José. Pero José no estaba muerto. En lugar de matar a José, lo vendieron como esclavo por 20 piezas de plata a algunos ismaelitas que se dirigían a Egipto. Luego fue vendido de nuevo en Egipto a un oficial de faraón llamado Potifar. ¿Puedes creerlo? Los propios hermanos de José lo traicionaron y lo vendieron por dinero.

Esa no fue la última vez que José fue tratado injustamente. Pero Dios estaba con José. Él ascendió en poder y fue nombrado mayordomo de la casa de Potifar. Tristemente, un día la esposa de Potifar mintió sobre José, y él fue enviado a la cárcel. Una vez más, debido a que Dios estaba con José, también ascendió en poder en la cárcel. Mientras estaba en la cárcel y con la ayuda de Dios, José interpretó el sueño de otro prisionero. Poco después, ese hombre fue liberado. Pero en lugar de ayudar a José a salir de la cárcel, el hombre se olvidó de José. Una vez más, José fue traicionado. La única esperanza del hijo favorito de Jacob era seguir confiando en el único Dios verdadero.

Preguntas:

> ¿Cómo habló Dios a José?
> *Habló a José a través de sueños.*

> Los hermanos de José lo vendieron, pero ¿qué le dijeron a Jacob (Israel), su padre?
> *Le dijeron a Jacob (Israel) que un animal feroz lo había matado.*

> ¿Por qué José ascendió en poder en la casa de Potifar y en la cárcel?
> *Porque Dios estaba con él.*

13

José: parte 2

(Génesis 41–46)

José era uno de los bisnietos de Abraham. Fue vendido como esclavo por sus hermanos celosos y terminó en una cárcel egipcia debido a mentiras contadas sobre él. Un día, faraón, el gobernante de Egipto, tuvo sueños que quería entender porque no podía dejar de pensar en ellos. Pero ninguno de los magos de faraón podían interpretar lo que significaban los sueños. Incluso hoy en día, Dios todavía habla en sueños, pero por lo general, al igual que faraón, necesitamos a alguien que nos ayude a entenderlos. Dios, siendo de gran sabiduría, eligió hablar en un sueño a faraón, a pesar de que él no era uno de su pueblo elegido y él adoraba a dioses falsos.

Pero como Dios fue quien le dio a faraón el sueño, ya tenía un plan para quién iba a usar para interpretar el sueño.. Antes, mientras José estaba en prisión, Dios le ayudó a explicar los sueños de otro hombre. Ese hombre llegó a trabajar para faraón, así que le contó a faraón acerca de un hombre llamado José que podía interpretar sueños. Así que estando ante faraón, José le hizo saber que él no era el que podía interpretar su sueño sino que era sólo a través del poder de Dios que él podía dar el significado del sueño. Una vez más, José confió en Dios, y Dios le dijo lo que significaba el sueño. José le explicó a faraón que pronto vendrían años de hambre y que debían prepararse para juntar reservas de alimento antes de que llegara el tiempo de escasez. Esto le agrado tanto a faraón que nombró a José segundo en el mando de todo Egipto. Y entonces, como Dios dijo en el sueño, un tiempo de gran escasez y gran hambre vino sobre la tierra.

La gente venía de todas partes a comprar comida en Egipto. Un día, los hermanos celosos de José, quienes lo habían vendido en esclavitud, vinieron a Egipto a comprar comida. No reconocieron a José cuando se inclinaban para pedirle comida, pero José sí los reconoció. El sueño que Dios había dado a José hace años atrás se hizo realidad tal como Dios dijo: Su familia se inclinó ante él.

Esta era la oportunidad de que José se vengara, ¿verdad? Dios le dio el poder de castigarlos, ¿verdad? ¡No! En cambio, después de someterlos a algunas pruebas, José mostró gran amor por su familia. Les dijo que a pesar de que trataron de hacerle daño, Dios usó sus celos para enviarlo por delante de ellos para salvar a su familia. Dios prometió engrandecer las familias de Abraham, Isaac y Jacob. Y Dios siempre cumple sus promesas.

Dios usó a los hermanos celosos de José para enviar a la familia de Israel a Egipto para que sobrevivieran el hambre. Pero Egipto es también el lugar donde eventualmente serían esclavizados, tal como Dios le dijo a Abraham.

José perdonó a sus hermanos y se reunió con su padre. También conoció a su nuevo hermano, Benjamín. A pesar de que José pasó por momentos difíciles, Dios estaba con él, y ahora su familia estaba a salvo en Egipto y bien tratada por

José: parte 2

faraón debido a José. Se les dio lo mejor de la tierra para pastorear sus rebaños, y se multiplicaron en gran medida.

Preguntas:

❝ Dios le dio a faraón un sueño, pero ¿servía él al único Dios verdadero?
  ◇ *No, faraón adoraba a muchos dioses falsos.*

❝ ¿Quién dijo José que le ayudaría a interpretar el sueño?
  ◇ *José dijo que Dios le ayudaría a interpretar el sueño.*

❝ ¿Cómo utilizó Dios a los hermanos de José para ayudar a cumplir sus promesas a Abraham?
  ◇ *Dios usó los celos de los hermanos para enviar a José a Egipto para que él pudiera salvar a su familia.*

14

Moisés: parte 1

(Éxodo 1–2)

El pueblo judío, la familia de la promesa de Dios, creció extremadamente grande en Egipto. Y así como Dios prometió a Abraham, fueron afligidos durante 400 años. Dios también prometió al pueblo de Israel una tierra propia. Ahora era tiempo de que Dios los trasladara de Egipto a la tierra que prometió a Abraham desde hace mucho tiempo. Pero 400 años es demasiado tiempo, tanto tiempo que el nuevo gobernante de Egipto había hecho esclavos a la familia escogida de Dios – los judíos, que también se llaman hebreos o israelitas. Este nuevo faraón dependía de ellos para el trabajo de esclavos, pero también estaba asustado porque los israelitas se multiplicaban mucho y temía que pudieran desafiar su poder. También se hablaba de alguien que algún día rescataría al pueblo hebreo, un libertador. Así que faraón decidió matar a todos los nuevos bebés hebreos que eran varones. Él pensó que eso resolvería el problema.

Una de las madres hebreas vio que su hijo era un buen niño, así que ella lo escondió para que no lo mataran. Pronto, ella ya no podía esconderlo, así que lo puso en una canasta y lo colocó en el río. La hija de faraón se estaba bañando en ese mismo río. Encontró al bebé llorando y sintió lástima por él. Adoptó al bebé en su familia. (La adopción es cuando un niño no tiene a nadie que lo cuide, y otros padres intervienen para rescatarlos, y se convierten en una nueva familia.) A medida que ese bebé creció, la hija de faraón lo trató igual que a su hijo biológico. Ella lo nombró Moisés porque lo sacó del agua, y Moisés es como la palabra hebrea que significa "sacar".

A pesar de que Moisés fue criado en la casa de faraón, se preocupó por su pueblo y veía que trabajaban muy duro. Un día, Moisés ya un hombre adulto, vio a un egipcio golpear a uno de los esclavos hebreos. Después de asegurarse de que nadie estaba mirando, Moisés mató al egipcio y escondió su cuerpo en la arena. Al día siguiente, Moisés vio a dos hombres hebreos discutiendo y preguntó por qué estaban discutiendo. Uno de los hombres preguntó, "¿Y quién te nombró a ti gobernante y juez sobre nosotros? ¿Acaso piensas matarme a mí como mataste al egipcio?" (Éxodo 2:14). Entonces Moisés tuvo miedo porque pensó, "¡Ya se supo lo que hice!" (Éxodo 2:14). Y tal como Moisés temía, cuando faraón se enteró, trató de matar a Moisés.

Así que Moisés huyó de Egipto a la tierra de Madián. Allí se estableció y se casó con una mujer llamada Séfora. Ella le dio un hijo, pero como Moisés todavía se sentía como un extranjero en una tierra extraña, nombró a su hijo Guersón, que es como la palabra hebrea que significa "extranjero." Pero en Egipto, el pueblo hebreo seguía siendo maltratado, y ellos clamaron a Dios, rogando que fueran rescatados. Oraron para que Dios recordara su pacto con Abraham, Isaac y Jacob.

Moisés: parte 1

Preguntas:

❝ ¿Cuál es la palabra que usamos cuando Dios provee una familia a un niño que no tiene a nadie que cuide de él o ella?
 ◇ *Adopción.*

❝ ¿Creció Moisés como un hebreo o como un egipcio?
 ◇ *Moisés creció como un egipcio, el hijo adoptivo de la hija de faraón.*

❝ ¿Qué hicieron los hebreos con la esperanza de ser rescatados?
 ◇ *Clamaron a Dios, pidiéndole que recordara su pacto con Abraham, Isaac y Jacob.*

15

Moisés: parte 2

(Éxodo 3–11)

Dios movió al pueblo judío a Egipto para salvarlos durante el tiempo de gran hambre. Debido al gran bisnieto de Abraham, José, el pueblo de Dios disfrutó buen tiempo y gran favor. Pero con el tiempo, un nuevo faraón llegó al poder y esclavizó al pueblo de Dios. Trató de matar a todos los bebés hebreos varones con la esperanza de evitar que crecieran demasiado poderosos. Una madre hebrea puso a su hijo en una canasta en el río con la esperanza de salvarlo. Fue encontrado y finalmente adoptado por la hija de faraón, quien lo nombró Moisés, y creció en la casa de faraón. Después de matar a un egipcio, Moisés huyó a Madián, donde se casó y pastoreó las ovejas de su suegro.

Un día, mientras cuidaba el rebaño, el ángel del Señor se apareció a Moisés a través de un arbusto que ardía pero que no se consumía. Esto definitivamente llamó la atención de Moisés. Fue allí donde Dios le habló y le dijo:

> Ciertamente he visto la opresión que sufre mi pueblo en Egipto. Los he escuchado quejarse de sus capataces, y conozco bien sus sufrimientos. Así que he descendido para librarlos del poder de los egipcios y sacarlos de ese país, para llevarlos a una tierra buena y espaciosa.
>
> —Éxodo 3:7-8

Moisés rápidamente preguntó, "¿Y quién soy yo para presentarme ante el faraón y sacar de Egipto a los israelitas?" Dios le respondió a Moisés, "Yo estaré contigo." Pero Moisés insistió, "Supongamos que me presento ante los israelitas y les digo, 'El Dios de sus antepasados me ha enviado a ustedes.' ¿Qué les respondo si me preguntan, 'Cómo se llama?'" Dios respondió, "Yo soy el que soy...Éste es mi nombre eterno; éste es mi nombre por todas las generaciones" (Éxodo 3:11-15).

Entonces Moisés y su hermano Aarón fueron ante faraón y dijeron, "Así dice Jehová, 'Israel es mi primogénito. Ya te he dicho que dejes ir a mi hijo para que me rinda culto, pero tú no has querido dejarlo ir. Por lo tanto, voy a quitarle la vida a tu primogénito.'" (Éxodo 4:22–23). Faraón dijo más tarde, "¿Y quién es el Señor, para que yo le obedezca y deje ir a Israel?" (Éxodo 5:2). Faraón les dijo que probaran esto a través de un milagro, así que Aarón tiró su vara, y la vara se convirtió en una serpiente. Pero los magos de faraón hicieron lo mismo. Entonces la vara de Aarón se tragó a las otras serpientes mostrando que el Señor es más poderoso. Faraón aún no escuchaba. Entonces Moisés le dijo a faraón que Dios enviaría plagas. Primero Dios convirtió el agua en sangre. Luego envió ranas, piojos y moscas. Mató a las vacas, le dio a la gente úlceras, y envió granizo, langostas y oscuridad. Cada plaga mostró que Dios es el único Dios verdadero y que los dioses egipcios eran falsos. Dios protegió a su pueblo de las plagas, pero ni siquiera eso convenció a faraón en dejar ir a Israel.

Finalmente, Dios le dijo a Moisés que después de una plaga más, faraón dejaría ir a Israel. Moisés le dijo a faraón que a medianoche, el ángel de la muerte pasaría por Egipto, y todos los primogénitos de la tierra morirían. Moisés, Aarón y todos los hebreos que vivían en Egipto tenían hijos que podrían morir también, pero Dios siempre tiene un plan para su pueblo. El plan no sólo salvaría al pueblo escogido de Dios, sino que señalaría el sacrificio final que Dios eventualmente haría muchos años más tarde.

Preguntas:

> ¿Cómo habló Dios a Moisés?
> - *El ángel del Señor se le apareció entre las llamas de un arbusto ardiente.*

> ¿Cuál es el nombre que Dios le dijo a Moisés que lo llamara?
> - *Yo soy el que soy.*

> Faraón no quería dejar al pueblo de Dios ir, así que, ¿cómo respondió Dios?
> - *Siguió enviando plagas poderosos que afectaron solamente a los egipcios.*

16

La Pascua

(Éxodo 12)

En la noche de la plaga final, Dios le dijo a Moisés cómo los hebreos podían asegurar que el ángel de la muerte pasara sobre sus casas. Protegería a sus primogénitos de la muerte. Esa noche, Dios iba a ir a toda la tierra de Egipto y matar al primogénito de todos los egipcios, incluso al primogénito del ganado. Plaga tras plaga, faraón le dijo a Dios que no dejaría ir al pueblo de Dios. Esa noche, Dios demostraría que Él era el único cuyo poder y sabiduría está por encima de todas las personas. Dios es el que envió a su pueblo escogido a Egipto con el propósito de entregarlos de acuerdo con su plan especial. Dios es el que eleva a las personas, los gobernantes y las naciones, y es el que derriba a las personas, a los gobernantes y a las naciones de acuerdo con sus propósitos.

Así que en el día de la Pascua, el pueblo de Dios debía tomar un cordero intachable y matarlo, tal como Dios les dijo. Entonces debían tomar parte de la sangre y ponerla en los postes de sus casas. Después de asar el cordero, debían comerlo y también debían vestirse como si estuvieran listos para irse de viaje. Todos los israelitas hicieron lo que Moisés les dijo. Esa noche, durante la Pascua, Dios pasó por la tierra y mató a todos los primogénitos de Egipto. Pero dondequiera que vio la sangre del cordero en los postes de las puertas, Él pasó por encima de las casas y salvo de la muerte al primogénito que se encontraba dentro. Cada familia egipcia perdieron a su primogénito esa noche. Los gritos de los egipcios se escuchaban en toda la tierra, pero los israelitas se mantuvieron seguros.

A lo largo de las generaciones, cada año, en ese mismo día, el pueblo elegido de Dios recuerda la Pascua. Los niños que han nacido años después de esa noche, celebran la Pascua y se les habla del increíble poder de Dios y de cómo derribo a los egipcios, pasando por encima de su pueblo, salvando al primogénito de la muerte. La historia les recuerda la amargura de la esclavitud y cómo la mano poderosa de Dios los liberó, castigó a todo Egipto y dio vida a una nueva nación. La historia es una sombra de otro sacrificio intachable cuya sangre algún día cubriría y limpiaría a las personas de una muerte que se merecen.

La Pascua

Preguntas:

❝ Dios envió diez plagas sobre Egipto. ¿Cuál fue la última plaga?
  ◆ *La muerte de los primogénitos de cada familia.*

❝ ¿Qué tuvieron que hacer los israelitas para ser protegidos de la última plaga?
  ◆ *Poner la sangre de un cordero intachable en los postes de su casa.*

❝ ¿Por qué dijo Dios a los israelitas que celebraran la Pascua cada año?
  ◆ *Para recordarles de la amargura de la esclavitud y cómo Dios los libró de la muerte.*

17

Liberación de Egipto

(Éxodo 12-14)

Finalmente, después de la décima plaga que terminó con la muerte del primogénito de cada familia egipcia e incluso el primogénito del ganado, faraón le dijo a Moisés que Israel debía irse. Cuando el pueblo de Dios se fue, siguieron las instrucciones de Moisés y pidieron oro, joyas y ropa a los egipcios. Todo esto fue de acuerdo con el plan de Dios, así que se fueron con estas cosas. Dios les daría la oportunidad de servirle con esas riquezas más tarde, pero en este día llegaron a ver cómo los planes de Dios son siempre para su gloria.

Dios sacó a los hebreos de Egipto usando una columna de nubes de día y una columna de fuego por la noche. Sabiendo que su pueblo tendría miedo si tomaban el camino más rápido, Dios los guió hacia el Mar Rojo. Dios les mostraría una vez más lo poderoso que era comparado con faraón quien los había controlado durante tanto tiempo. Faraón pensó que los israelitas andaban perdidos y vagando, así que decidió seguirlos. Pero Dios había hecho un plan diferente.

A medida que faraón se acercaba, el pueblo de Dios se volvió temeroso y clamó al Señor. Moisés les dijo que no tuvieran miedo y que se mantuvieran firmes y vieran la salvación del Señor. Dios ordenó a Moisés que extendiera su vara y la levantara sobre el mar. Dios envió un fuerte viento del este que dividió las aguas, y se convirtieron en un muro en cada lado. Este milagro permitió a los hebreos que pasaran por el Mar Rojo en tierra firme. Debido a que Dios colocó su columna de fuego detrás del pueblo judío, faraón no pudo seguirlos hasta que Dios lo permitió. Una vez que Israel estaba a salvo del otro lado, Dios dejó que los egipcios los siguieran. Dios mandó a Moisés que extendiera su vara de nuevo, y esta vez, las aguas se estrellaron sobre los egipcios. Ese día Israel presenció el gran poder de Dios y vieron a los egipcios muertos a la orilla del mar. Ese día, Israel temió al Señor.

Liberación de Egipto

Preguntas:

❝ ¿Qué hicieron los hebreos antes de salir de Egipto?
  ◇ *Pidieron a los egipcios por oro, joyas, y ropa fina.*

❝ ¿Cómo condujo Dios a los hebreos una vez que salieron de Egipto?
  ◇ *Con una columna de nube durante el día y una columna de fuego por la noche.*

❝ ¿Cuál fue el plan de Dios en toda esta historia?
  ◇ *Recibir toda la gloria y así todo Egipto sabría que hay un solo Dios.*

18

Los Diez Mandamientos

(Éxodo 19–20)

Después de caminar en el desierto del Sinaí durante tres meses, Dios acampó a su pueblo en el monte Sinaí. Allí, Dios instruyó a Moisés que le dijera a Israel que si obedecían su voz y guardaban su pacto, Israel sería el preciado tesoro de Dios entre todos los pueblos, un reino de sacerdotes y una nación santa. Todo el pueblo respondió a una sola voz, "Cumpliremos con todo lo que el Señor nos ha ordenado" (Éxodo 19:7). Dios le dijo a Moisés que le dijera al pueblo que se preparara, porque en tres días Él descendería sobre el monte Sinaí, a la vista de todo el pueblo. La gente no debía acercarse a la montaña. Si la tocaban, morirían.

Así que al tercer día, justo como dijo, Dios bajó a la montaña. Había truenos y relámpagos, una espesa nube de humo, y el fuerte sonido de una trompeta. Todo esto hizo temblar a la gente. Entonces Dios dijo:

> Yo soy el Señor tu Dios. Yo te saqué de Egipto, del país donde eras esclavo. No tengas otros dioses además de mí. No te hagas ningún ídolo.... No pronuncies el nombre del Señor tu Dios a la ligera. Acuérdate del sábado, para consagrarlo.... Honra a tu padre y a tu madre, para que disfrutes de una larga vida en la tierra que te da el Señor tu Dios.... No mates. No cometas

adulterio. No robes. No des falso testimonio en contra de tu prójimo. No codicies la casa de tu prójimo; no codicies su esposa… ni nada que le pertenezca.

—Éxodo 20:1-4, 7-8, 12-17

La gente se dio cuenta de que no querían que Dios les hablara directamente, así que le dijeron a Moisés, "Háblanos tú, y escucharemos. Si Dios nos habla, seguramente moriremos" (Éxodo 20:19). Moisés le dijo a la gente que no temieran, sino que supieran que Dios los estaba probando. Entonces Dios continuó dando a Israel más instrucciones. Él les dio 613 mandamientos para ayudarlos a caminar como una nación santa ante Dios. Siguiendo estos mandamientos no haría a Israel un pueblo justo, sino que enseñaría al pueblo a vivir como la nación especial de Dios. Pero incluso en los mandamientos, Dios reveló que la única manera de acercarse a Él era a través de un sacrificio de sangre. Se necesitaba un sacrificio de sangre para cubrir el pecado, servir a Dios o incluso alabarlo.

Los Diez Mandamientos

Preguntas:

❞ ¿Se dieron los Diez Mandamientos para todas las personas o sólo para Israel?
  ✧ *Sólo para Israel.*

❞ ¿Qué es el pacto que Dios prometió a Israel?
  ✧ *Que iban a ser un reino de sacerdotes y una nación santa.*

❞ ¿Qué era necesario para acercarse a Dios?
  ✧ *Un sacrificio de sangre.*

19

El Deseo de Dios de habitar con el Hombre (el Tabernáculo)

(Éxodo 25–26)

Después de que Dios dio los mandamientos a Israel, dio instrucciones a Moisés para que la nación construyera un santuario para que Dios pudiera habitar entre el pueblo mientras viajaban. Como cada persona decidió en su corazón, dieron libremente para construir este tabernáculo. Dieron oro, plata, bronce, linos finos, pieles de animales, y todo lo que se necesitaba para hacer un lugar especial de habitar para Dios. Con la liberación de la esclavitud fresca en sus memorias, fue un gozo dar a Dios lo que habían recibido libremente debido al haber encontrado favor ante Dios. Lo que es asombroso es que Israel dio tanto que se les pidió que dejaran de dar.

Debido a que este tabernáculo sería tan especial, Dios incluso escogió a ciertos hombres dotados con habilidades artísticas para hacer cada parte del tabernáculo tal como Dios le dijo a Moisés. Este sería un tabernáculo móvil que podían mover con ellos dondequiera que Dios los guiara. Dondequiera que el pueblo de Dios fuera, el tabernáculo estaría en el medio, y las 12 tribus acamparían alrededor de el, cada tribu acamparía en el mismo lugar cada vez. El diseño de Dios era que su presencia estaría en medio de su pueblo y que Él habitaría entre ellos. Dios se aparecería a ellos durante el día como una columna de nube sobre el tabernáculo y una columna de fuego por la noche.

Cada parte del tabernáculo debía construirse exactamente como Dios le dijo a Moisés. Eso se debía a que cada pieza del tabernáculo señalaba a algo más importante. Como una sombra señala a algo real, el tabernáculo estaba lleno de sombras de cosas mayores. Por ejemplo, sólo había una entrada al tabernáculo, al igual que sólo hay un camino en el reino de Dios. Cuando alguien entraba en el tabernáculo, había un altar para el sacrificio, pero la parte más importante estaba en medio del tabernáculo. Ese lugar especial estaría escondido detrás de un velo y sería llamado el Lugar Santísimo. Sólo una persona, el sumo sacerdote, podía entrar en el Lugar Santísimo, y sólo podía entrar una vez al año. Dentro del Lugar Santísimo estaría el arca del pacto. El arca era como un gran cofre de madera cubierto completamente de oro. Las piedras sobre las que Dios había escrito los Diez Mandamientos se guardarían dentro del arca. La cubierta del arca también sería especial, con dos ángeles, dando frente el uno al otro con sus alas extendidas el uno hacia el otro. El asiento de misericordia, el área encima de las alas, sería donde descansaría la presencia de Dios. Como puedes imaginar, este lugar era muy especial. Incluso antes de que el sumo sacerdote entrara, tendría que ofrecer un sacrificio a Dios.

Verás, Dios siempre quiere habitar con su pueblo, pero al igual que el tabernáculo, un sacrificio de sangre es siempre el primer paso. Y al igual que el tabernáculo era el hogar temporal de Dios, Dios estaba enseñando que el habitar temporalmente con el Señor nunca es tan bueno como estar con Él para siempre.

El Deseo de Dios de habitar con el Hombre (el Tabernáculo)

Preguntas:

❝ Fue el tabernáculo y todas las cosas dentro el enfoque de Dios, o ¿señalaba otra cosa?
 ◆ *El tabernáculo y todas las cosas dentro sólo fueron una sombra, que apuntaba a cosas mayores.*

❝ ¿Exigió Dios a su pueblo que dieran sus riquezas o dieron porque querían dar?
 ◆ *El pueblo dio porque querían dar.*

❝ ¿Cuál es el nombre del lugar donde el arca del pacto fue colocada?
 ◆ *Fue llamado el Lugar Santísimo.*

20

Josué y los Espías

(Números 13–14)

El pueblo de Dios finalmente llegó a la tierra de Canaán, la tierra que Dios había prometió a Abraham hace tiempo atrás. Dios le dijo a Moisés que seleccionara a un hombre de cada tribu para explorar la tierra que les iba a dar. Moisés dijo a los espías:

> Exploren el país, y fíjense cómo son sus habitantes, si son fuertes o débiles, muchos o pocos. Averigüen si la tierra en que viven es buena o mala, y si sus ciudades son abiertas o amuralladas…. ¡Adelante! Traigan algunos frutos del país.
>
> —Números 13:17-20

Al final de 40 días, los 12 hombres regresaron de explorar la tierra que Dios prometió a la nación. Informaron a Moisés y a Aarón que era una tierra que fluía con leche y miel, tal como Dios había prometido. El fruto que trajeron era tan grande que se necesitaron dos hombres para cargarlo. Diez de los hombres continuaron dando su informe, pero no fue bueno. Dijeron que la gente de la tierra era demasiada poderosa y que las ciudades estaban demasiado protegidas para que Israel tomara la tierra. Pero habían dos hombres, Josué y Caleb, que no estaban de acuerdo.

Caleb y Josué dijeron que podían y debían tomar la tierra. Incluso si hubieran gigantes en la tierra, podrían vencerlos con Dios a su lado. Pero el pueblo se quejó, convencido de que debían elegir a otro líder y volver a Egipto. Moisés y Aarón estaban tan tristes por la respuesta de la gente que cayeron sobre sus rostros. Caleb y Josué le suplicaron al pueblo que no se rebelara contra el Señor, pero aun así, el pueblo quería apedrearlos. Finalmente, Dios declaró que iba a derribar a toda la gente, pero Moisés suplicó a Dios que perdonara al pueblo por el bien de su gran nombre.

Dios perdonó a la nación, pero prometió que aquellos que decidieron desobedecerlo no entrarían a la tierra prometida. Sólo Caleb y Josué entrarían a la tierra, pero sólo después de que Israel vagara por el desierto durante 40 años más. Eso

Josué y los Espías

sería suficiente tiempo para que todos de esa generación murieran. A pesar de que Moisés les dijo que no lo hicieran, algunas personas trataron de entrar a la tierra prometida de todos modos. Pero sin Dios a su lado, perdieron la batalla.

Preguntas:

❝ ¿Fue Dios fiel a su promesa con Abraham?
  ◇ *Sí.*

❝ Entraron Caleb y Josué a la tierra prometida porque ¿dieron un buen informe o porque creían en Dios?
  ◇ *Entraron a la tierra prometida porque creían en Dios.*

❝ ¿Cómo disciplinó Dios a la nación pero aún mostró su amor por ellos?
  ◇ *Israel tendría que vagar por el desierto por 40 años antes de entrar a la tierra prometida.*

21

Jericó: parte 1

(Josué 1–3)

Moisés era el poderoso libertador de Israel. Tenía una relación muy especial con Dios. Pero mientras Israel vagaba por el desierto, Moisés desobedeció a Dios. Debido a que no honró a Dios como santo, Moisés sólo pudo ver la tierra prometida desde arriba del monte Nebo antes de morir. Dios escogió a Josué para sustituir a Moisés y llevar a Israel a la tierra que Dios prometió a Abraham hace tiempo atrás. Dios le dijo a Josué que estaría con él, como lo había estado con Moisés, y que nadie sería capaz de enfrentarse ante él, todos los días de su vida.

Al igual que Moisés, Josué envió a algunos hombres para explorar la tierra y especialmente la ciudad de Jericó. Los espías casi fueron capturados, pero una mujer llamada Rajab los escondió. Rajab dijo que toda la ciudad tenía miedo porque habían oído hablar del gran poder y la fuerza de Dios. Los espías le prometieron a Rajab que si ataba un cordón rojo por la ventana, toda su familia se salvaría de la destrucción. Hizo exactamente lo que pidieron y se salvó. Rajab fue una persona muy importante no sólo para Israel, sino también para el mundo entero.

Los espías regresaron e informaron que toda la tierra temía a Israel. El pueblo de Dios estaba emocionado de entrar a la tierra. Antes de su primera batalla, Dios exaltó a Josué para ayudarlo a guiar al pueblo. Al igual que Moisés separó las aguas del Mar Rojo, Josué separó las aguas del río Jordán para que el pueblo pudiera entrar a la tierra prometida. El arca del pacto, la presencia de Dios, condujo el camino hacia la tierra prometida.

Preguntas:

❝ Fue Rajab ¿un israelita o una forastera (un gentil)?
  ◆ *Fue una forastera (un gentil).*

❝ A Dios le gusta revelar sombras a través de historias. Haber salvado a Rajab fue una sombra ¿de qué?
  ◆ *De que Dios podría eventualmente salvar a algunos creyentes gentiles.*

❝ ¿Por qué crees que Dios escogió el color rojo como el color del cordón?
  ◆ *Era una sombra que significa la sangre de Jesús que trae salvación.*

22

Jericó: parte 2

(Josué 5–6)

Aquí estaba Israel, finalmente a punto de entrar a la tierra prometida. Antes de que hicieran algo más, marcaron el lugar donde cruzaron el río Jordán con piedras como un memorial a Dios. A continuación, circuncidaron a la generación más joven que nació mientras vagaban por el desierto. Entonces, celebraron la Pascua. La circuncisión marcó a cada judío como miembro del pueblo especial de Dios. No había mejor manera para que el pueblo de Dios se preparara para su futuro que recordar su pasado – su esclavitud y la liberación ponderosa de Dios.

Podrías pensar que Dios le daría a Josué un increíble plan de batalla en el que engañaron a la gente dentro de la ciudad de Jericó o entraron a la ciudad con alguna arma nueva. Pero eso no es lo que Dios tenía en mente. Para que el pueblo judío supiera que no era la fuerza de ellos sino la de Dios, la que conquistaría la ciudad, el plan no implicaba una batalla en absoluto. A Josué se le dijo que tuviera hombres armados y a sacerdotes que marcharen por la ciudad una vez al día durante seis días. Siete sacerdotes tocarían trompetas mientras llevaban el arca del pacto. Y la gente no debía hacer ruido hasta el día en que Dios les dijera que lo hicieran.

Así pues, una vez al día durante seis días, los hombres armados y los sacerdotes caminaron por la ciudad. Mientras que caminaban por la ciudad, los sacerdotes tocaban sus trompetas continuamente. En el séptimo día, en lugar de marchar por la ciudad una vez, marcharon por la ciudad siete veces. A lo largo de la Biblia, Dios usa el número siete para representar lo final. La séptima vez, mientras los sacerdotes tocaban sus trompetas, Josué le dijo al pueblo, "¡Empiecen a gritar! ¡El Señor les ha entregado la ciudad!... Sólo se salvarán la prostituta Rajab y los que se encuentran en su casa, porque ella escondió a nuestros mensajeros" (Josué 6:16-17).

Cuando el pueblo gritó, los poderosos muros de Jericó cayeron, y los judíos marcharon en la ciudad entregando irrevocablemente todas las cosas y personas al Señor, destruyéndolas totalmente. Cuando terminó, Josué dijo, "¡Maldito sea en la presencia del Señor el que se atreva a reconstruir esta ciudad, Jericó!" (Josué 6:26). Así, sólo obedeciendo el mandato del Señor, Israel derrotó a una ciudad poderosa. Y el Señor estaba con Josué, y su fama se extendió por toda la tierra.

Jericó: parte 2

Preguntas:

❝ ¿Cumplió Dios su promesa de salvar a Rajab siendo gentil?
  ◇ *Sí, Dios fue fiel a su palabra.*

❝ Derrotó Israel a Jericó con ¿fuerza humana o con la confianza en la dirección de Dios?
  ◇ *Israel derrotó a Jericó simplemente confiando en Dios.*

❝ ¿Por qué eligió Dios el séptimo día para destruir a Jericó?
  ◇ *Siete es el número que Dios usa que significa lo final.*

23

Sansón

(Jueces 15-16)

Los judíos conquistaron gran parte de la tierra prometida bajo el mando de Josué. Pero cuando Josué murió, el pueblo comenzó a alejarse de la Torá de Dios (instrucciones). Al seguir a otros dioses, cayeron bajo el control de sus enemigos, tal como Dios dijo que lo harían. Cuando clamaban a Dios y se apartaban de sus caminos pecaminosos, Dios levantaba a un juez. Los jueces eran hombres o mujeres que Dios designaba para liberar y gobernar a Israel. Pero al igual que los niños obstinados, Israel cayó en un ciclo de adorar a dioses falsos (idolatría), esclavitud por parte de los enemigos, y luego clamaban a Dios, Dios enviaba un juez para liberarlos, adoraban dioses falsos, y luego empezaba el ciclo de nuevo. Una y otra vez, todos hacían lo que creían correcto en sus propios ojos.

Uno de los jueces se llamaba Sansón. Un ángel se apareció a una mujer estéril y le dijo que tendría un hijo especial. Iba a ser un nazareno, lo que significaba que estaría totalmente dedicado a Dios, nunca podría cortarse el pelo, nunca podría tocar un cadáver, y nunca podría beber bebida fuerte. Los padres de Sansón creyeron y escucharon al ángel. A medida que Sansón creció, se hizo increíblemente fuerte. Y aunque era uno de los jueces designados por Dios, Sansón también hizo lo que pensó que era correcto ante sus propios ojos. Pero como siempre, las malas decisiones de Sansón nunca estuvieron fuera del plan perfecto de Dios.

Sansón una vez mató a 1,000 enemigos de Dios, los filisteos. Los mató con la mandíbula de un burro. Otra vez, destrozó un león con sus propias manos. Era un hombre poderoso, y su fama se extendió por toda la tierra. El problema de Sansón no eran los enemigos de Israel, sino que él seguía su propio camino. En lugar de casarse con una israelita, Sansón se enamoró de una mujer extranjera llamada Dalila. Los filisteos usaron a Dalila para engañar a Sansón para que le dijera la fuente de su gran fuerza.

A Dalila le prometieron 1,100 monedas de plata si ella podía hacer que Sansón le dijera por qué era tan fuerte. La primera vez que ella le preguntó, Sansón le mintió. Cuando intentó lo que él le dijo, no funcionó. Como siempre, con el Espíritu de Dios, Sansón descendió sobre los filisteos y los derrotó. De repente Dalila gritó, "¡Sansón, los filisteos se lanzan sobre ti!" (Jueces 16:9). Pero ella no se rindió. Le preguntó una y otra vez. Él mintió diciendo que tenía que ser atado con cuerdas nuevas. Mientras que él dormía, ella lo intentó, pero una vez más, él descendió sobre los filisteos y los derrotó. Pero ella no se rindió. Dalila finalmente lo presionó tanto con sus palabras, que Sansón le dijo

la verdad, que si le cortaban el pelo, perdería su fuerza. Ella le cortó el pelo, y él fue derrotado fácilmente. Los filisteos le sacaron los ojos y lo encadenaron.

Pero con el paso del tiempo, el cabello de Sansón comenzó a crecer de nuevo. Un día, los filisteos lo llevaron

Sansón

a su templo para burlarse de él. Mientras estaba allí, oró a Dios para que lo dejara vengarse de los filisteos por la pérdida de sus ojos. Sansón se apoyó de las dos columnas que sostenían el templo, y con el Espíritu de Dios fortaleciéndolo, empujó con toda su fuerza y el templo cayó. Sansón murió con los filisteos, pero en su muerte, mató a muchos enemigos de Dios, más de los que había matado en toda su vida.

Questions:

- ¿Por qué los judíos no conquistaron todos los habitantes de la tierra de Canaán?
  - *Porque seguían adorando a ídolos.*
- ¿A quién usó Dios para librar a Israel cuando sus enemigos los esclavizaron?
  - *Dios usó a jueces.*
- ¿Cómo perdió Sansón finalmente su fuerza?
  - *Dalila le cortó el pelo.*
- ¿Causó la desobediencia de Sansón que Dios no llevara acabo su plan?
  - *No, Sansón juzgó a Israel y mató a los enemigos de Dios como Dios había planeado.*

24

David, Ungido Rey

(1 Samuel 8-16)

Uno de los profetas más poderosos de Israel fue Samuel. Nació de una mujer llamada Ana que era estéril, pero clamó a Dios en oración por un hijo. Dios respondió a la oración de Ana. A medida que Samuel crecía, la gente comenzó a pedir un rey como las otras naciones que los rodeaban. Samuel les advirtió que tener un rey terrenal no saldría bien para ellos, pero no les importaba. Así que Dios escogió un rey para ellos tal como le pidieron. Dios escogió a Saúl de la tribu de Benjamín. Era exactamente lo que la gente quería en un rey terrenal. Era guapo y más alto que todos a su alrededor.

Durante un tiempo, Saúl fue un buen rey, pero no tardó mucho después que Saúl escogió su propio camino en lugar de seguir el camino de Dios. El trabajo del rey no era dar sacrificio al Señor porque Dios había dado ese trabajo a los sacerdotes. Pero antes de una batalla, en lugar de esperar a Samuel, Saúl ofreció sacrificó a Dios. Cuando Samuel llegó, le dijo al rey Saúl que debido a que no había guardado el mandato del Señor, su reino no permanecería. Entonces Dios buscó a un hombre más de su agrado, y envió a Samuel a ungirlo como rey.

Dios envió a Samuel a Belén, a un hombre llamado Isaí de la tribu de Judá. Dios le dijo a Samuel que el nuevo rey sería de entre los hijos de Isaí. Cuando Samuel vio al hijo mayor de Isaí, pensó que seguramente él era el que Dios había elegido. Pero Dios le dijo a Samuel que no pusiera atención al exterior de la persona, sino al interior. Isaí trajo a siete de sus hijos ante Samuel, pero ninguno de ellos fue el rey elegido de Dios. Samuel le preguntó a Isaí, "¿Son éstos todos tus hijos?" (1 Samuel 16:11). Isaí le dijo que el hijo menor estaba cuidando a las ovejas. El más joven era David. Era rubio y de buen parecer. Dios dijo, "Levántate y úngelo, porque éste es" (1 Samuel 16:12). Así que Samuel tomó un cuerno de aceite y ungió a David. "Y el Espíritu de Dios corrió sobre David desde ese día en adelante" (1 Samuel 16:13). Aunque David fue el segundo rey de Israel, fue un rey de mayor grandeza. Y habría otro rey que vendría de la herencia de David, y sería el Rey de todos los Reyes.

David, Ungido Rey

Preguntas:

❝ ¿Quién fue el primer rey de Israel?
 ◇ *Saúl de la tribu de Benjamín.*

❝ ¿Por qué Dios le quitó el reino a Saúl?
 ◇ *Saúl escogió su propio camino y ofreció un sacrificio a Dios en lugar de esperar a Samuel.*

❝ ¿Qué es más importante para Dios, el exterior de una persona o el interior?
 ◇ *El interior, porque a Dios le importa lo que está en el corazón.*

❝ ¿De qué tribu era David?
 ◇ *David era de la tribu de Judá.*

25

David y Goliat

(1 Samuel 17)

A pesar de que David fue elegido como el próximo rey, él no llegó a ser rey de inmediato. De hecho, fue ungido tres veces antes de que él realmente se convirtiese en rey. Pero después de ser ungido por primera vez, Dios dio una visión de como el corazón de David se inclinaba para la gloria de Dios. Dios y el enemigo de Israel, los filisteos, reunieron a sus ejércitos para la guerra. Saúl seguía siendo el rey de Israel, y su ejército estaba a un lado de una colina, y los filisteos estaban en otra colina con un valle entre ellos. Pero no fue el ejército filisteo el que causó miedo. Fue un poderoso guerrero llamado Goliat.

Goliat era de Gad. Él era de casi 10 pies de alto. Su armadura pesaba más de 100 libras, y había sido un guerrero desde que era un niño. Sin miedo, Goliat desafió a cualquiera en Israel a luchar contra él. Dijo que si esa persona lo mataba, los filisteos serían los siervos de Israel. Pero si Goliat ganaba, los judíos se convertirían en siervos de los filisteos. Goliat gritó desafiando a los ejércitos de Israel, atreviéndolos a enviar a un hombre a luchar contra él.

Los tres hermanos mayores de David habían seguido al rey Saúl a la guerra, pero David estaba cuidando las ovejas de su padre. Durante 40 días, Goliat salió y desafió a Israel. Ningún israelita se presentó. Un día, cuando David fue a ver a sus hermanos, Goliat salió y desafió a Israel de nuevo, y David lo oyó. David preguntó a los hombres alrededor de él qué haría el rey para el hombre que mataba a Goliat. Sus hermanos lo oyeron y se enojaron, pero David no dejó de preguntar.

Cuando Saúl oyó esto, llamó a David y le dijo que porque era apenas un muchacho, no había manera de que pudiera vencer a un poderoso soldado como Goliat. David le contó a Saúl cómo había matado a un león y a un oso mientras protegía a las ovejas de su padre. David dijo que Goliat era como perro no circuncidado, porque desafió a los ejércitos del Dios viviente. Saúl le dijo a David que fuera entonces, e incluso trató de darle a David su armadura. Pero David no fue a la batalla con la armadura de Saúl. En cambio, llevó con él cinco piedras lisas y su honda y fue a encontrar a Goliat.

Goliat estaba furioso cuando vio al joven David venir hacia él. Goliat le dijo que alimentaría su carne a los pájaros. David simplemente dijo, "Tú vienes a mí con espada, lanza, y jabalina, pero yo vengo a ti en el nombre del Señor Todopoderoso, el Dios de los ejércitos de Israel, a los que has desafiado … y todo el mundo sabrá que hay un Dios de Israel" (1 Samuel 17:45-46). Goliat rápidamente se acercó a David. Metiendo la mano en su bolsa, David sacó una piedra y usando su honda, golpeó a Goliat en la frente. Así, la batalla terminó, y Goliat cayó sobre su rostro en la tierra. David entonces tomó la espada de Goliat y le cortó la cabeza. Cuando los filisteos vieron a su campeón muerto, huyeron. Pero los israelitas los siguieron y los derrotaron ese día.

Preguntas:

❝ ¿Se convirtió David en rey de inmediato, o tuvo que esperar?
  ◇ *David tuvo que esperar.*

❝ Goliat significa una sombra del pecado y la muerte. ¿Fue fácil o difícil para David derrotarlo?
  ◇ *Fue fácil.*

❝ Goliat tenía una espada y una lanza. ¿Qué tenía David?
  ◇ *David tenía una honda, cinco piedras y el poder del Señor.*

26

Salomón construye el Templo de Dios

(1 Crónicas 22, 28; 2 Crónicas 1-7; 1 Reyes 6)

Habían pasado 480 años desde que los israelitas salieron de Egipto. Ahora, finalmente iban a construir el templo de Dios donde moraría su presencia. El rey David quería edificar el templo de Dios, pero como era un hombre de guerra, Dios le dijo que su hijo Salomón sería el que lo construiría. Como un hombre conforme al corazón de Dios, David planeó con anticipación. Reunió todo lo que Salomón necesitaría y asignó todos los trabajos que los sacerdotes harían. David también le dijo a Salomón que obtuviera entendimiento para guiar al pueblo de Dios. Así que cuando Dios le preguntó a Salomón qué deseaba su corazón, Salomón no escogió las riquezas ni la destrucción de los enemigos de Dios. En cambio, le pidió sabiduría a Dios. Dios no sólo hizo a Salomón la persona más sabia que haya vivido, sino que también le dio grandes riquezas.

Pero la cosa más importante en que pensar es que Dios, quien está en todas partes y no puede ser contenido, iba a venir a vivir en algo hecho por manos humanas. Todos los planes para construir el templo, el cual fueron igual a los planes del tabernáculo que Dios hizo que Moisés construyera, fueron dados por Dios. Dentro del templo estaría el Lugar Santísimo donde se colocaría el arca del pacto, y la presencia de Dios descansaría en el asiento de misericordia. Ese es el lugar donde una vez al año, en el día de la Expiación, el sumo sacerdote vendría y rociaría sangre para cubrir los pecados de Israel. Este templo fue espectacular, no sólo por todo el oro y materiales preciosos, sino porque Dios iba a habitar entre su pueblo.

El rey Salomón tenía más de 150,000 personas trabajando en el templo, que tardó más de siete años en construirse. Cada piedra utilizada se preparó en la cantera de donde las piedras venían. Así que cuando se armó el templo, no se utilizaron herramientas. Cuando el templo finalmente se completó, Salomón lo dedicó con una oración, sacrificó 142,000 animales y celebró durante siete días. Fue realmente un edificio increíble. Dios le dijo a Salomón que si él seguía caminando en sus caminos, Él continuaría habitando con su pueblo. Desafortunadamente, Salomón se casó con mujeres extranjeras que cambiaron su corazón de seguir a Dios por completo. Así que en lugar de que Dios habitara entre su pueblo y que el reino de Salomón se estableciera a través de las generaciones, Dios dividió el reino después de que Salomón murió.

Preguntas:

❝ ¿Cuánto tiempo después de haber sido liberado de Egipto fue construido el templo de Dios?
  ◇ *480 años.*

❝ ¿Tuvo que Salomón reunir todo el oro, la plata y los materiales preciosos para construir el templo?
  ◇ *No, su padre, el rey David, planeó con anticipación y reunió gran parte de los materiales.*

❝ ¿Qué es el Lugar Santísimo, qué fue guardado allí y con qué frecuencia entraba alguien allí?
  ◇ *Fue el lugar donde descansaba la presencia de Dios, en el asiento de misericordia sobre el arca del pacto. El sumo sacerdote entraba una vez al año en el día de Expiación.*

27

Eclesiastés: La Inutilidad de la Vida

(Eclesiastés 1–12)

Vanidad, vanidad, todo es vanidad. Estas son palabras del hombre más sabio que haya vivido – Salomón. Dios le preguntó al rey Salomón qué era lo que más deseaba, y en lugar de grandes riquezas o poder, pidió sabiduría. Dios concedió su petición, y Salomón vivió como el hombre más sabio y rico. Aunque el corazón de Salomón fue desviado por mujeres extranjeras, usó su sabiduría y riquezas para explorar todo lo que el mundo tenía para ofrecer. Grabó lo que descubrió en un libro llamado Eclesiastés, que significa "el maestro".

Una y otra vez en todas las áreas de la vida, Salomón descubrió lo inútil o sin sentido que es la vida. "Todos los ríos van a dar al mar, pero el mar jamás se sacia," y "ni se sacian los ojos de ver, ni se hartan los oídos de oír" (Eclesiastés 1:7, 8). Estas frases son muestras de cómo nos dice que vivir es vanidad. Puedes elegir vivir como un tonto o como una persona sabia, y pase lo que pase, ambos mueren y terminan en la tierra. La vida es vanidad.

Al estudiar al hombre justo y al hombre malo, Salomón vio a los malos prosperar y a los justos perecer. Eso lo hizo realizar que no podía entender los caminos de Dios. Lo mejor que un hombre puede hacer es "comer, beber y divertirse" (Eclesiastés 8:15). La muerte vendrá a todas las personas, y en la batalla no ganan los fuertes o en la carrera no gana el más rápido, pero la oportunidad se presenta a todos ellos. Una y otra vez con la sabiduría dada por Dios y la riqueza dada por Dios, el rey Salomón trató de entender la vida, y lo resumió diciendo, "¡Vanidad de vanidades! Todo es vanidad" (Eclesiastés 1:2).

Salomón fue el hombre más sabio que vivió. Tuvo todo lo que nosotros seguido creemos nos hará feliz – riquezas, fama y fortuna. Pero al final, hace esta declaración, "El fin de este asunto es que ya se ha escuchado todo. Teme, pues, a Dios y cumple sus mandamientos, porque esto es todo para el hombre" (Eclesiastés 12:13).

Preguntas:

❝ ¿Qué frase describe lo que el rey Salomón descubrió sobre la vida?
 ◇ *¡Vanidad de vanidades! Todo es vanidad.*

❝ Al final, ¿qué es lo mejor que una persona puede hacer con esta vida?
 ◇ *Temer a Dios y cumplir sus mandamientos.*

❝ Si sabemos que realmente no podemos cumplir los mandamientos de Dios, ¿cómo podemos hacer esto?
 ◇ *Temer a Dios y creer en su Hijo, quien cumplió todos los mandamientos por nosotros.*

28

La División del Reino

(1 Reyes 12–15; 2 Crónicas 10–13)

Lamentablemente, el rey Salomón llevó a Israel a la idolatría. Como consecuencia, después de la muerte de Salomón, Dios dividió el reino en dos: el Reino del Norte (Israel) y el Reino del Sur (Judá). El Reino del Sur era representado por las tribus de Judá y Benjamín. Benjamín fue la única tribu que permaneció fiel a la línea familiar de Judá del rey David.

La división surgió a través de la mala decisión de Roboán. Roboán era el hijo de Salomón, y como nuevo rey de Israel, reunió a los ancianos como consejo. Le dijeron que eliminara la pesada carga tributaria que Salomón tenía sobre el pueblo. Le dijeron que si él fuera el siervo del pueblo, ellos serían siervos de él para siempre. Pero Roboán abandonó el consejo de los ancianos y reunió a los jóvenes y pidió su consejo. Los jóvenes dijeron exactamente lo contrario de los ancianos, diciendo que debía aumentar la carga tributaria sobre el pueblo.

El rey no escuchó a los ancianos sabios, y diez de las tribus se levantaron contra Roboán. Eligieron a Jeroboán de la tribu de Efraín como su rey y llegaron a ser conocidos como Israel, o el Reino del Norte. La capital de Israel se convirtió en Samaria, y la capital de Judá permaneció siendo Jerusalén.

Debido a que Dios había designado fiestas, que requerían que los israelitas viajaran a Jerusalén, Jeroboán se preocupó de que su pueblo volviera a Dios. Así que Jeroboán colocó ídolos en dos ciudades del Reino del Norte y proclamó a Israel, "Aquí están sus dioses, que los sacaron de Egipto" (1 Reyes 12:28). Así que Israel comenzó a adorar ídolos, y ninguno de los reyes después de Jeroboán hizo lo que era agradable ante los ojos de Dios. Cayeron cada vez más en la idolatría. Pero todos los reyes de Judá eran de la línea de David. Algunos eran buenos, y otros no, pero debido al gran amor de Dios por su pueblo, envió profetas una y otra vez para advertirles de las consecuencias de seguir sus propios caminos en lugar de los caminos de Él.

La División del Reino

Preguntas:

❝ ¿Por qué dividió Dios el reino en dos?
  ◇ *Porque el rey Salomón cayó en la idolatría.*

❝ ¿Cómo se llaman los dos reinos?
  ◇ *Se llaman el Reino del Sur, Judá y el Reino del Norte, Israel.*

❝ ¿Qué reino siempre tuvo un descendiente de David en el trono?
  ◇ *Judá.*

29

Elías en el Monte Carmelo

(1 Reyes 18:16—40)

En el Reino del Norte, uno de los reyes de Israel – Acab – era peor que cualquier otro. El rey Acab condujo al pueblo de Israel a adorar dioses falsos. Esto afligió al profeta Elías. Así que Elías le dijo al rey Acab que reuniera a todo el pueblo de Israel en el monte Carmelo, incluidos los 450 profetas de Baal, que era un dios falso. Cuando todo el pueblo llegó, Elías les dijo, "Si el Dios verdadero es el Señor, deben seguirlo; pero si es Baal, síganlo a él" (1 Reyes 18:21). La gente no dijo nada.

> Entonces Elías dijo al pueblo, "Yo soy el único que ha quedado de los profetas del Señor; en cambio, Baal cuenta con 450 profetas. Tráigannos dos bueyes. Que escojan ellos uno, y lo descuarticen y pongan los pedazos sobre la leña, pero sin prenderle fuego. Yo prepararé el otro buey y lo pondré sobre la leña, pero tampoco le prenderé fuego. Entonces invocarán ellos el nombre de su dios, y yo invocaré el nombre del Señor. ¡El que responda con fuego, ése es el Dios verdadero!" Y todo el pueblo estuvo de acuerdo.
>
> —1 Reyes 18:22-24

Los profetas de Baal prepararon su sacrificio, e invocaron el nombre de su dios Baal desde la mañana hasta el mediodía. Pero no hubo respuesta; nadie respondió. Ellos bailaban alrededor del altar que habían hecho.

Al mediodía, Elías comenzó a burlarse de ellos. "¡Griten más fuerte! Seguro que es un dios, pero tal vez esté meditando, o esté ocupado o de viaje. ¡A lo mejor se ha quedado dormido y hay que despertarlo!" (1 Reyes 18:27). Gritaron más fuerte y se cortaron con espadas hasta que sangraron. Pero no hubo respuesta; nadie respondió.

Entonces, Elías reparó el altar del Señor, que estaba en ruinas, y después hizo una zanja alrededor del altar. Luego le dijo a la gente que vaciaran cuatro cántaros de agua sobre la leña. Lo hicieron varias veces hasta que la zanja estaba llena de agua.

Entonces, Elías dio un paso adelante y oró:

> Señor, Dios de Abraham, de Isaac y de Israel, que todos sepan hoy que tú eres Dios en Israel, y que yo soy tu siervo y he hecho todo esto en obediencia

a tu palabra. ¡Respóndeme, Señor, respóndeme, para que esta gente reconozca que tú, Señor, eres Dios, y que estás convirtiendo a ti su corazón!

1 Reyes 18:36-37

Entonces el fuego del Señor cayó y quemó el sacrificio, la leña, las piedras y el suelo y hasta lamió el agua de la zanja. Cuando todo el pueblo vio esto, se postraron y exclamaron, "¡El Señor es Dios! ¡El Señor es Dios!" (1 Reyes 18:39).

Entonces Elías ordenó que mataran a todos los profetas de Baal. Y así lo hicieron.

Preguntas:

❝ ¿Quién fue el peor rey de Israel, y qué hizo?
  El rey Acab condujo a Israel a servir a dioses falsos.

❝ ¿Qué desafío presentó Elías a los profetas de Baal?
  Que pidieran a su dios falso que quemara un sacrificio.

❝ Cuando Dios ganó el desafío, ¿qué hizo el pueblo?
  Se postraron y exclamaron, "¡El Señor es Dios!".

30

Jonás

(Jonás 1–4)

Jonás fue un profeta enviado por Dios. No fue enviado a Israel, sino a los gentiles. Jonás fue enviado a Nínive, la capital de Asiria. Los asirios fueron una de las naciones conquistadoras más despiadadas en la historia. Jonás fue enviado para advertir a Nínive que Dios los juzgaría debido a sus malos caminos. Jonás sabía que Dios sería bondadoso y los perdonaría si se arrepentían. Así que en lugar de ir a Nínive, Jonás fue en la dirección opuesta y se subió a un barco que se dirigía a Tarsis.

Sin embargo, tratar de huir del plan de Dios no resultó bien para Jonás. Dios envió una gran tormenta que amenazó con hundir el barco en el que él estaba. Con miedo, los marineros clamaron a sus dioses. Jonás estaba durmiendo abajo en el fondo del barco. Los marineros despertaron a Jonás y echaron suertes para ver quién era el culpable de la tormenta. Echar suertes era una forma antigua de averiguar lo que un dios pensaba sobre una situación. La suerte cayó sobre Jonás, y los marineros recordaron que Jonás había dicho que él estaba huyendo de Dios. Queriendo que terminara la tormenta, le preguntaron a Jonás qué debían hacer. Jonás les dijo que lo arrojaran al mar y Dios acabaría con la tormenta. No quisieron, e incluso clamaron al Señor que no los dejara morir por culpa de Jonás. Pero la tormenta continuó, así que arrojaron a Jonás al mar. Inmediatamente, la tormenta se detuvo. Sorprendentemente, los hombres ofrecieron un sacrificio al Señor.

Así que Jonás se encontró allí en el agua, sin ninguna manera de huir de Dios. Entonces Dios envió a un gran pez para tragarse a Jonás. Él pasó tres días y tres noches en el vientre del pez. Finalmente, recordando que la salvación pertenece al Señor, Jonás clamó a Dios en oración. Y Dios, siendo bondadoso, dio una orden, y el pez vomitó a Jonás en tierra firme.

Dios habló con Jonás nuevamente acerca de ir a Nínive. Esta vez, Jonás escuchó. Él fue a Nínive y les dijo que en 40 días, Dios los destruiría a causa de su maldad. Justo como Jonás había pensado, toda la gente creyó, se arrepintieron y se apartaron de su maldad con la esperanza de que Dios no los destruyera. Y seguro, tal como Jonás pensó, Dios vio como la gente se convirtió de su mal camino y entonces Él mostró su gran misericordia hacia ellos.

Tristemente, Jonás puso mala cara y se enojó porque Dios había sido bondadoso. Entonces Dios preguntó a Jonás por qué no podía Él compadecerse de tanta gente hecha a su imagen e incluso tener compasión hasta del ganado que Él creó. Y con eso, la historia de Jonás termina.

Jonás

Preguntas:

❝ Dios envió a Jonás ¿a su pueblo escogido, Israel, o a los gentiles, gente que no conocía a Dios?
  ✧ *Dios envió a Jonás a los gentiles.*

❝ Cuando Jonás intentó huir de Dios, ¿qué hizo Dios?
  ✧ *Envió un gran pez que lo tragara, haciendo que exclamara en oración.*

❝ Dios muestra su gran amor para todas las personas, pero ¿qué revela al mencionar el ganado?
  ✧ *Su gran amor incluye a toda su creación.*

31

Exilio de Israel y Judá

(1 Crónicas 5; 2 Reyes 17; 2 Crónicas 22; Deuteronomio 28:62–65; 2 Reyes 24)

Israel tuvo 20 reyes durante un par de cien de años, y ninguno de ellos hizo lo que era agradable ante los ojos de Dios. Dios envió a profetas como Elías, Eliseo y Oseas para llamar a la gente que volvieran a Él. Pero todavía establecían columnas sagradas para sí mismos e imágenes de madera en cada colina y debajo de cada árbol verde. Dios tenía la intención de expulsar a las naciones que estaban en la tierra prometida debido a su idolatría, pero al igual que ellos, Israel provocó la ira del Señor y sirvieron ídolos. Israel no escuchó a los profetas que Dios envió y no guardó sus mandamientos. Así que Dios causó que un rey extranjero los conquistara. Primero, los asirios conquistaron a los rubénitas, a los gaditanos y a la mitad de la tribu de Manasés. 20 años después, conquistaron la capital de Samaria. Israel luchó durante tres años, pero sin la protección de Dios, fueron conquistados y esparcidos tal como Dios había advertido.

A diferencia de Israel, Judá tuvo una mezcla de reyes malos y buenos. Pero al igual que Israel, Judá tuvo un problema con la idolatría. A pesar de que Jerusalén era la capital donde se encontraba el templo, los reyes permitían lugares importantes para la adoración de ídolos allí. Los reyes Abías, Acaz, Manasés y Sedequías fueron inicuos y llevaron a Judá aún más a la idolatría. Los reyes Asa, Uzías y Ezequías siguieron al Señor. Pero aun con el templo, la caída de Israel y las advertencias de los profetas de Dios, Judá no regresó a Dios.

El rey babilónico, Nabucodonosor, invadió a Judá y destruyó el templo que Salomón había construido para la presencia de Dios. Como era costumbre de los reyes babilonios, Nabucodonosor llevó a muchas personas lejos de su tierra. Los profetas Isaías, Habacuc y Sofonías hablaron de la destrucción venidera que Dios estaba enviando a Judá.

Pero para entender el cautiverio babilónico, debemos saber que no sólo se profetizó el exilio, sino que también se profetizó el regreso a la tierra. Otros podían habitar en la tierra, pero Dios la dio como posesión para su pueblo escogido. Su desobediencia hizo que fueran quitados de la tierra. Pero la fidelidad de Dios a su palabra significaba que cumpliría su promesa a Abraham, y ellos regresarían.

Exilio de Israel y Judá

Preguntas:

❝ Quién fue exiliado primero por su idolatría, ¿Israel o Judá?
◆ *Israel. Ellos fueron conquistados por los asirios.*

❝ ¿Quién conquistó el Reino del Sur (Judá)?
◆ *Los babilonios.*

❝ Aunque Dios esparció la nación entera de Israel por su idolatría, ¿fue el exilio permanente?
◆ *No. Él profetizó su regreso a la tierra.*

Historias Bíblicas

32

Daniel y el Foso de los Leones

(Daniel 6)

Debido a la idolatría de los israelitas, ellos fueron quitados de la tierra prometida. Cuando los babilonios conquistaron el Reino del Sur (Judá), muchos de los israelitas fueron llevados. Pero más tarde, incluso cuando los persas conquistaron a los babilonios, nada cambió para el pueblo de Dios. Ahora Daniel era de la tribu de Judá, y Dios le había dado sabiduría y favor. Darío, el rey de Persia, nombró a Daniel como uno de los tres altos funcionarios de todo el reino. El espíritu de Daniel era tan grande que el rey iba a ponerlo sobre todo el reino, pero eso causó celos en todos los demás funcionarios.

Los otros funcionarios no pudieron encontrar culpa en Daniel, pero aun querían destruirlo. Así que decidieron enfrentar al Dios de Daniel contra Darío. Sabían que Daniel oraba a Dios tres veces al día, así que engañaron al rey en hacer una ley que él no podía cambiar. Durante los siguientes 30 días, cualquiera que orare a alguien que no era Darío, sería arrojado a un foso de leones.

Cuando Daniel supo que el rey había firmado la nueva ley, fue a su casa donde oraba tres veces al día y dio gracias a Dios como siempre lo había hecho. Los funcionarios corrieron rápidamente hacia el rey y le dijeron que Daniel estaba orando a Dios. A pesar de que los funcionarios celosos hicieron todo lo posible para decirle al rey que Daniel no tenía ningún respeto por él, el rey estaba triste y buscó una manera de salvar a Daniel. Pero cuando los funcionarios le recordaron a Darío que la ley no podía ser cambiada, no tuvo más remedio que arrojar a Daniel en el foso de los leones.

Cuando el rey mandó que echaran a Daniel al foso de los leones, dijo, "¡Que tu Dios, a quien siempre sirves, se digne salvarte!" (Daniel 6:16). Darío regresó a su palacio y pasó la noche sin dormir, esperando que Daniel sobreviviera. Al amanecer, el rey corrió al foso de los leones y gritó, "Daniel, siervo del Dios viviente, ¿pudo tu Dios, a quien siempre sirves, salvarte de los leones?" (Daniel 6:20). Daniel dijo que Dios había enviado a un ángel para cerrar la boca de los leones. El rey se llenó de alegría. De hecho, estaba tan feliz que arrojó a los funcionarios celosos al foso de los leones. Entonces el rey Darío hizo un decreto a toda la nación diciendo que "todos teman y tiemblen ante la presencia del Dios de Daniel.... Él salva y libra" (Daniel 6:26, 27).

Preguntas:

❝ ¿Qué era la razón por la cuál los otros funcionarios no les gustaba Daniel?
  ◇ *Estaban celosos de él.*

❝ ¿Qué hizo Daniel cuando Darío firmó la ley que decía que no podía orar a Dios?
  ◇ *Fue a su casa y oró.*

❝ ¿Cómo reaccionó Darío cuando Dios salvó a Daniel de los leones?
  ◇ *Hizo un decreto declarando que todos debían temer y temblar ante el Dios de Daniel.*

33

Ananías, Misael, y Azarías

(Daniel 3)

Según la Biblia, Dios es el que levanta a los reyes y los quita. Pero el rey Nabucodonosor pensó que era su propio poder lo que le permitía conquistar naciones. Así que Dios usó al rey Nabucodonosor para conquistar y sacar a Judá de la tierra debido a su idolatría. El rey construyó una gran estatua de sí mismo para que todos le adoraren. Con todos los funcionarios reunidos para dedicar la estatua, se proclamó que cuando sonara la trompeta, todos debían inclinarse y adorar la estatua o serían arrojados a un horno ardiente.

Habían tres israelitas que habían hallado gran favor ante el rey y los pusieron al frente de las provincias de Babilonia. Sus nombres hebreos eran Ananías, Misael, y Azarías, pero el rey los llamó por sus nombres babilónicos: Sadrac, Mesac y Abednego. Estos tres hombres no se inclinaban para adorar al ídolo, porque aunque estaban en exilio, todavía servían a Dios. Así que cuando cierto hombre creó problemas diciéndole a Nabucodonosor que Sadrac, Mesac y Abednego se negaron a adorar su estatua, el rey se enojó mucho.

Cuando los trajeron ante Nabucodonosor, preguntó si era cierto que ellos no adoraban a los dioses babilónicos ni a la estatua de oro que él había mandado construir. Antes de dejarlos responder, les dio la oportunidad de escuchar la trompeta, inclinarse y adorar como su ley exigía. Pero inmediatamente le dieron al rey Nabucodonosor su respuesta.

Sadrac, Mesac y Abednego dijeron, "Si se nos arroja al horno en llamas, el Dios al que servimos puede librarnos del horno y de las manos de su Majestad. Pero aun si nuestro Dios no lo hace así, sepa usted que no honraremos a sus dioses ni adoraremos a su estatua" (Daniel 3:17–18). Nabucodonosor enfureció y mandó que el fuego del horno se calentase siete veces más caliente que de costumbre. De hecho, el fuego estaba tan caliente que las llamas mataron a los hombres cuyo trabajo era arrojarlos al fuego.

El rey se levantó rápidamente y preguntó, "¿Acaso no eran tres hombres que atamos y arrojamos al fuego? … veo a cuatro hombres sin ataduras y sin daño alguno, ¡y el cuarto tiene la apariencia de un dios!" (Daniel 3:24–25). Al ver esto, el rey corrió hacia la puerta y dijo, "Sadrac, Mesac y Abednego, siervos del Dios Altísimo, ¡salgan de allí y vengan acá!" (Daniel 3:26). Con todos los funcionarios, gobernadores y consejeros reunidos, los tres hebreos salieron. Todos vieron que no sólo estaban vivos, sino que el fuego no les daño de ninguna manera. De hecho, su ropa ni siquiera olía a humo.

Nabucodonosor exclamó, "¡Alabado sea el Dios de estos jóvenes, que envió a su ángel y los salvó! Ellos confiaron en Él y, desafiando la orden real, optaron por la muerte antes que honrar o adorar a

Ananías, Misael, y Azarías

otro dios que no fuera el suyo" (Daniel 3:28). Entonces confesó que ningún otro dios podría haberlos liberado de esta manera y decretó que nadie hablaría nunca contra Dios o serían destrozados. Finalmente, el rey los restauró y los promovió. Así, Dios le dio a su pueblo la libertad de adorarlo en una tierra extranjera.

Preguntas:

❝ ¿Qué eran los nombres hebreos de Sadrac, Mesac, y Abednego?
- *Ananías, Misael, y Azarías.*

❝ ¿Qué dijeron sobre Dios y su capacidad de librarlos?
- *Él nos puede librar, Él nos librará, pero incluso si no lo hace, no nos inclinaremos a otros dioses.*

❝ ¿Qué dice su declaración acerca de cómo todos los creyentes deben servir a Dios?
- *Siempre debemos orar sabiendo que Dios puede responder y responderá. Pero incluso si no, debemos permanecer fieles.*

34

Profecía del Próximo Rey (Libro de Isaías)

(Resumen de Isaías)

Uno de los libros más poderosos de la Biblia es el libro del Antiguo Testamento de Isaías. Isaías fue profeta durante el tiempo en que el reino fue dividido, y profetizó a Judá alrededor de 50 años. El pecado del rey Salomón condujo la división de Israel en el Reino del Norte y el Reino del Sur. Cada reino no escuchó a los profetas de Dios que los llamaron a regresar a Dios y también advirtieron de su exilio de la tierra prometida. El Reino del Norte ya había sido exiliado cuando los asirios los conquistaron. Y el Reino del Sur estaba atrapado en medio de una increíble idolatría y maldad. Isaías profetizó durante el reinado de los reyes Uzías, Jotham, Acaz y Ezequías. Advirtió del juicio que vendría al Reino del Sur de Judá porque no detendrían su gran pecado e idolatría.

Pero más que cualquier otro libro del Antiguo Testamento, Isaías habla del Mesías que un día salvaría a Israel y traería paz y seguridad. Isaías dijo que el Mesías sería una luz para todas las naciones. Pero la parte más hermosa de Isaías es la profecía del Mesías que salvaría a su pueblo, no con un ejército poderoso, sino como un siervo que sufre. Estos son los primeros nueve versículos de Isaías 53:

¿Quien ha creído a nuestro mensaje
  y a quién se le ha revelado el poder del Señor?
Creció en su presencia como vástago tierno,
  como raíz de tierra seca.
No había en él belleza ni majestad alguna;
  su aspecto no era atractivo
  y nada en su apariencia lo hacía deseable.
Despreciado y rechazado por los hombres,
  varón de dolores, hecho para el sufrimiento.
Todos evitaban mirarlo;
  fue despreciado, y no lo estimamos.
Ciertamente él cargó con nuestras enfermedades
  y soportó nuestros dolores,
pero nosotros lo consideramos herido,
  golpeado por Dios, y humillado.
Él fue traspasado por nuestras rebeliones,
  y molido por nuestras iniquidades;
sobre él recayó el castigo, precio de nuestra paz,
  y gracias a sus heridas fuimos sanados.
Todos andábamos perdidos, como ovejas;
  cada uno seguía su propio camino,
  pero el Señor hizo recaer sobre él
  la iniquidad de todos nosotros.
Maltratado y humillado,
  ni siquiera abrió su boca;
como cordero, fue llevado al matadero;
  como oveja, enmudeció ante su trasquilador;
  y ni siquiera abrió su boca.
Después de aprehenderlo y juzgarlo, le dieron muerte;
nadie se preocupó de su descendencia.

Profecía del Próximo Rey (Libro de Isaías)

> Fue arrancado de la tierra de los vivientes,
>   y golpeado por la transgresión de mi pueblo.
> Se le asignó un sepulcro con los malvados,
>   y murió entre los malhechores,
> aunque nunca cometió violencia alguna,
>   ni hubo engaño en su boca.

Isaías está lleno de advertencias a Judá de que deben regresar al Señor. Una y otra vez, las advertencias de Dios revelan su gran misericordia y fidelidad a su pacto con Abraham, Isaac y Jacob. Pero Isaías también está lleno de profecías mesiánicas que apuntan a aspectos de la venida del Mesías, que nacerá de una virgen, que el Espíritu de Dios descansará sobre Él y que será llamado Emanuel — Dios con nosotros.

Questions:

❝ Isaías profetizó al ¿Reino del Norte o al Reino del Sur?
  ◆ *Al Reino del Sur.*

❝ ¿De quién habla Isaías más que cualquier otro libro en el Antiguo Testamento?
  ◆ *Isaías habla del Mesías.*

❝ Isaías dice que el Mesías sería llamado Emanuel. ¿Qué significa el nombre Emanuel?
  ◆ *Dios con nosotros.*

Sonido Bíblico
(Catecismo)

Introductorio (edades 2-8)

❝ 1. ¿Quién te hizo?
  ◇ Dios.

❝ 2. ¿Qué más hizo Dios?
  ◇ Dios hizo todas las cosas.

❝ 3. ¿Por qué hizo Dios todas las cosas?
  ◇ Para Su propia gloria.

❝ 4. ¿Por qué las cosas funcionan como funcionan?
  ◇ Dios así lo mandó.

❝ 5. ¿Cómo aprendemos acerca de Dios?
  ◇ Dios se revela a sí mismo.

❝ 6. ¿Dónde se revela Dios a sí mismo?
  ◇ Dios se revela en su palabra, en la naturaleza, en los sueños, y visiones.

❝ 7. ¿Qué revela Dios en la naturaleza?
  ◇ Dios revela su carácter, su ley y su ira.

❝ 8. ¿Qué más se revela a través de su palabra?
  ◇ La misericordia de Dios hacia su pueblo.

❝ 9. ¿Dónde se encuentra la palabra de Dios?
  ◇ La Biblia es la palabra de Dios.

❝ 10. ¿Cuántos Dioses hay?
  ◇ Dios es Uno: Dios el Padre – Dios el Hijo – Dios el Espíritu Santo.

Introductorio (edades 2-8)

11. ¿Dónde está Dios?
- Dios está en todas partes.

12. ¿Cuánto tiempo ha existido Dios?
- Dios siempre ha existido.

13. ¿Quién es Dios?
- Dios es el primero y el mejor de todos los seres.

14. ¿Cómo es Dios?
- Dios es un espíritu, es eterno y es un ser personal. Él es perfecto en santidad, y es todopoderoso y omnisciente.

15. ¿Cómo se relaciona Dios con la creación?
- Dios es el creador, redentor, conservador y gobernante del universo.

16. ¿Cómo es el hombre único?
- El hombre lleva la imagen de Dios.

17. ¿Quién fue el primer hombre?
- Adán.

18. ¿Cómo era Adán durante la creación?
- Adán era bueno.

19. ¿Permaneció Adán bueno?
- No, él pecó.

20. ¿Qué es el pecado?
- Cualquier pensamiento o hecho que no trae gloria a Dios.

21. ¿Qué significa dar gloria?
- Mostrar honor a Dios y disfrutar su grandeza.

> **22. ¿Cuál es el castigo por el pecado?**
> ◇ *Muerte.*

> **23. ¿Qué trajo el pecado de Adán?**
> ◇ *La muerte vino a todos los hombres.*

> **24. ¿Cómo afectó el pecado de Adán a todos los hombres?**
> ◇ *Todos pecaron a través de Adán*

> **25. ¿Deben morir todos los hombres por sus pecados?**
> ◇ *No, Dios eligió dar vida a algunos.*

> **26. ¿Cómo podemos ser salvos del pecado y de la muerte?**
> ◇ *Sólo mediante la fe en Jesucristo.*

> **27. ¿Quién es Jesucristo?**
> ◇ *El eterno Hijo de Dios.*

> **28. ¿Pecó alguna vez Jesús?**
> ◇ *No, sólo Él es justo.*

> **29. ¿Qué hizo Jesús por su pueblo?**
> ◇ *Conquistó el pecado y la muerte.*

> **30. ¿Cómo conquistó el pecado y la muerte?**
> ◇ *Al morir, Jesús absorbió la ira de Dios por el pecado y luego resucitó.*

> **31. ¿Qué otra cosa conquistó Cristo?**
> ◇ *Conquistó a todos sus enemigos.*

> **32. ¿Son sus enemigos poderosos?**
> ◇ *No, ellos han llegado a nada.*

> **33. ¿Qué dio Jesús a su pueblo?**
> ◇ *Su propia justicia.*

Introductorio (edades 2-8)

34. ¿Qué tomó Jesús de su pueblo?
◇ Todo sus pecados.

35. ¿Cómo se trae la obra de Cristo a su pueblo?
◇ A través del Espíritu Santo.

36. ¿Qué hace el Espíritu Santo?
◇ Él da vida a través de la fe.

37. ¿Qué es la fe?
◇ Completa confianza en lo que Dios dice a causa de quién es.

38. ¿Cómo reconocemos la fe verdadera?
◇ La fe produce buenas obras.

39. ¿Quiénes son los hijos de Dios?
◇ Aquellos que aman y confían en Jesús.

40. ¿Cómo se llaman los hijos de Dios cuando se reúnen?
◇ Su iglesia.

41. ¿Cuál es el rasgo de Su iglesia?
◇ Amor el uno por el otro.

42. ¿Quién es la cabeza de la iglesia?
◇ Jesucristo.

43. ¿Es perfecta Su iglesia?
◇ No, se está perfeccionando.

44. ¿Cuándo será perfeccionada la iglesia?
◇ Después del regreso de Cristo.

45. ¿Qué sucede con la tierra cuando Cristo regrese?
◇ Dios crea un nuevo cielo y tierra.

❝ **46. ¿Qué sucede a los hombres cuando Cristo regrese?**
 ✧ *Cristo juzga todos los hechos de los hombres.*

❝ **47. ¿Qué sucede a los que Cristo juzga?**
 ✧ *Los justos moran con Él para siempre y los culpables mueren aparte de Él para siempre.*

❝ **48. ¿Cuál es la mala noticia para todos los hombres?**
 ✧ *Todos han pecado y todos son condenados.*

❝ **49. ¿Qué son las buenas nuevas?**
 ✧ *En su misericordia, Dios hizo una manera de salvar a los pecadores a través de la vida de Jesús, de su muerte y su resurrección.*

❝ **50. ¿Cómo sabemos que somos hijos de Dios?**
 ✧ *El Espíritu de Dios da testimonio con nuestro espíritu de que somos hijos de Dios.*

❝ **Extra – ¿Qué son las buenas nuevas?**
 ✧ *En su misericordia, Dios hizo una manera de salvar a los pecadores a través de la vida de Jesús, de su muerte y su resurrección.*

❝ **(Versión larga)**
 ✧ *Hay un Dios que hizo todo lo visto y lo invisible. Hizo al hombre a su imagen. Lo hizo bueno, pero el hombre pecó. Dios sería justo si castigaba al hombre para siempre por su pecado, pero en su infinita misericordia, Dios hizo posible una manera de salvar al hombre. Él envió a Jesús, el Hijo eterno de Dios, totalmente Dios y totalmente hombre para vivir una vida que nosotros deberíamos haber vivido. Jesús sufrió y murió una muerte que nosotros merecíamos, pero por el poder del Espíritu, él resucitó de entre los muertos. Él ascendió al cielo, y para que aquellos que crean en Él, les dará el nuevo nacimiento y les dará el Espíritu para vivir en ellos. Un día Cristo volverá, juzgará todas las obras de los hombres y habitará para siempre con todos los que creyeron.*

Intermedio (edades 6-12)

1. ¿Quién te hizo?
   Dios.

2. ¿Qué más hizo Dios?
   Dios hizo todas las cosas.

3. ¿Por qué hizo Dios todas las cosas?
   Para Su propia gloria.

4. ¿Por qué las cosas funcionan como funcionan?
   Dios así lo mandó.

5. ¿Cómo aprendemos acerca de Dios?
   Dios se revela a sí mismo.

6. ¿Dónde se revela Dios a sí mismo?
   Dios se revela en su palabra, en la naturaleza, en los sueños y visiones.

7. ¿Qué revela Dios en la naturaleza?
   Dios revela su carácter, su ley y su ira.

8. ¿Qué más se revela a través de su palabra?
   La misericordia de Dios hacia su pueblo.

9. ¿Dónde se encuentra la palabra de Dios?
   La Biblia es la palabra de Dios.

10. ¿Cuántos Dioses hay?
   Dios es Uno: Dios el Padre – Dios el Hijo – Dios el Espíritu Santo.

11. ¿Dónde está Dios?
◆ Dios está en todas partes.

12. ¿Cuánto tiempo ha existido Dios?
◆ Dios siempre ha existido.

13. ¿Quién es Dios?
◆ Dios es el primero y el mejor de todos los seres.

14. ¿Cómo es Dios?
◆ Dios es un espíritu, es eterno y es un ser personal. Él es perfecto en santidad, es todopoderoso y omnisciente.

15. ¿Cómo se relaciona Dios con la creación?
◆ Dios es el creador, redentor, conservador y gobernante del universo.

16. ¿Quién escribió la Biblia?
◆ Hombres obedientes que fueron guiados por Dios el Espíritu Santo.

17. ¿Qué significa dar gloria?
◆ Mostrar honor y disfrutar la grandeza de Dios.

18. ¿Por qué debes glorificar a Dios?
◆ Porque sólo Él merece la gloria.

19. ¿Puedes ver a Dios?
◆ No, no puedo ver a Dios, pero Él siempre me ve a mí.

20. ¿Sabe Dios todas las cosas?
◆ Sí, nada puede ser ocultado de Dios.

21. ¿Puede Dios hacer todas las cosas?
◆ Sí, Dios está en el cielo y hace lo que le agrada.

22. ¿Qué significa que Dios es soberano?
   Dios tiene el derecho, el poder y la autoridad para gobernar todas las cosas.

23. ¿Qué significa que Dios es santo?
   Dios es puesto aparte de todos los demás seres. Él es perfecto y puro.

24. ¿Qué significa que Dios es justo?
   Dios siempre hace lo correcto.

25. ¿Dónde aprendes a amar y a obedecer a Dios?
   Sólo lo aprendes en la Biblia a través de su Espíritu.

26. ¿Qué usó Dios para crear todo?
   Dios creó todo de nada.

27. ¿Cómo es el hombre único?
   El hombre lleva la imagen de Dios.

28. ¿Quién fue el primer hombre?
   Adán

29. ¿Quiénes fueron nuestros primeros padres?
   Adán y Eva.

30. ¿Cómo era Adán durante la creación?
   Adán era bueno.

31. ¿Permaneció Adán bueno?
   No, él pecó.

32. ¿De qué fueron hechos nuestros primeros padres?
   Dios hizo el cuerpo de Adán del polvo de la tierra, y formó a Eva del cuerpo de Adán.

33. ¿Qué le dio Dios a Adán y a Eva además de sus cuerpos?
   Les dio almas que nunca podrían morir.

34. ¿Cuál es tu alma?
◇ *La parte de mí que vive para siempre.*

35. ¿Quién los tentó a pecar?
◇ *El diablo engañó a Eva. Adán voluntariamente comió la fruta que Eva le dio en lugar de obedecer a Dios.*

36. ¿Qué vino al mundo a través del pecado?
◇ *La muerte.*

37. ¿Actuó Adán por sí mismo?
◇ *No, él representaba a toda la humanidad.*

38. ¿Qué es el pecado?
◇ *Cualquier pensamiento o hecho que no trae gloria a Dios.*

39. ¿Cuál es el castigo por el pecado?
◇ *La muerte.*

40. ¿Qué trajo el pecado de Adán?
◇ *La muerte vino a todos los hombres.*

41. ¿Cómo afectó el pecado de Adán a todos los hombres?
◇ *Todos pecamos a través de Adán.*

42. ¿Deben morir todos por el pecado?
◇ *No, Dios eligió dar vida a algunos.*

43. ¿Cómo podemos ser salvos del pecado y de la muerte?
◇ *Sólo mediante la fe en Jesucristo.*

44. ¿Quién es Jesucristo?
◇ *El eterno Hijo de Dios.*

45. ¿Pecó alguna vez Jesús?
◆ No, sólo Él es justo.

46. ¿Qué hizo Jesús por su pueblo?
◆ Él conquistó el pecado y la muerte.

47. ¿Cómo conquistó el pecado y la muerte?
◆ Al morir, Jesús absorbió la ira de Dios por el pecado y luego resucitó.

48. ¿Qué otra cosa conquistó Cristo?
◆ Conquistó a todos sus enemigos.

49. ¿Son sus enemigos poderosos?
◆ No, no han logrado nada.

50. ¿Qué dio Él a su pueblo?
◆ Su propia justicia.

51. ¿Qué tomó Él de su pueblo?
◆ Todo sus pecados.

52. ¿Cómo se trae la obra de Cristo a su pueblo?
◆ A través del Espíritu Santo.

53. ¿Qué hace el Espíritu Santo?
◆ Él da vida a través de la fe.

54. ¿Qué es la fe?
◆ Completa confianza en lo que Dios dice a causa de quién Él es.

55. ¿Cómo reconocemos la fe verdadera?
◆ La fe produce buenas obras.

56. ¿Quiénes son los hijos de Dios?
◆ Aquellos que aman y confían en Jesús

❝ **57. ¿Cómo se llaman los hijos de Dios cuando se reúnen?**
◇ *Su iglesia.*

❝ **58. ¿Cuál es el rasgo de Su iglesia?**
◇ *Amar el uno por el otro.*

❝ **59. ¿Quién es la cabeza de la iglesia?**
◇ *Jesucristo.*

❝ **60. ¿Es perfecta Su iglesia?**
◇ *No, se está perfeccionando.*

❝ **61. ¿Cuándo será perfeccionada la iglesia?**
◇ *Después del regreso de Cristo.*

❝ **62. ¿Qué sucede con la tierra cuando Cristo regrese?**
◇ *Dios crea un nuevo cielo y tierra.*

❝ **63. ¿Qué sucede a los hombres cuando Cristo regrese?**
◇ *Cristo juzga todos los hechos de los hombres.*

❝ **64. ¿Qué sucede con aquellos que Cristo considera justos?**
◇ *Ellos habitan con Él para siempre.*

❝ **65. ¿Qué sucede con aquellos que Cristo condena?**
◇ *Ellos mueren para siempre.*

❝ **66. ¿Cómo sabemos que somos hijos de Dios?**
◇ *El Espíritu de Dios da testimonio de nuestro espíritu de que somos hijos de Dios.*

❝ **67. ¿Quién puede dar a un pecador un corazón nuevo?**
◇ *Sólo el Espíritu Santo.*

❝ **68. ¿Qué se llama este nuevo corazón?**
◇ *Regeneración.*

69. ¿Puede alguien ganar la salvación?
> Ninguno puede ganar la salvación.

70. ¿Por qué nadie puede salvarse a través de obras?
> Porque todos han pecado y ya están condenados a muerte.

71. ¿Acaso nuestro Señor Jesucristo cometió el menor pecado?
> No, Cristo es perfectamente justo.

72. ¿Cómo pudo haber sufrido el Hijo de Dios?
> Cristo, el Hijo de Dios, se hizo hombre para poder obedecer y sufrir por nuestra naturaleza.

73. ¿Qué significa la expiación?
> La justicia divina satisfactoria de Cristo que cubre los pecados de los hijos de Dios.

74. ¿Qué es la justificación?
> Es el perdón de Dios a los pecadores declarándolos justos en Cristo.

75. ¿Qué es la santificación?
> Es Dios haciendo a los pecadores santos de corazón y conducta como Su Hijo.

76. ¿Para quién obedeció y sufrió Cristo?
> Para aquellos que el Padre le había dado.

77. ¿Qué tipo de muerte murió Cristo?
> La dolorosa y vergonzosa muerte de cruz.

78. ¿Quién será salvo?
> Sólo aquellos que creen en Jesucristo.

79. ¿Qué significa arrepentirse?
> Es cambiar nuestros caminos para seguir los caminos de Dios.

❝ 80. ¿Qué significa creer o tener fe en Cristo?
◇ Es confiar sólo en Cristo para la salvación.

❝ 81. ¿Puedes arrepentirte y creer en Cristo por tu propio poder?
◇ No, no puedo hacer nada bueno sin la ayuda de Dios el Espíritu Santo.

❝ 82. ¿De qué tribu era Jesús?
◇ Como fue profetizado, el Mesías vino de la tribu de Judá.

❝ 83. ¿Quiénes fueron la madre y el padre de Jesús?
◇ Jesús nació de María y fue adoptado como hijo por su esposo José.

❝ 84. ¿Cuántos oficios tiene Cristo?
◇ Cristo tiene tres oficios.

❝ 85. ¿Qué son?
◇ Los oficios de profeta, sacerdote y de rey.

❝ 86. ¿Cómo es Cristo un profeta?
◇ Cristo proclama la voluntad de Dios.

❝ 87. ¿Cómo es Cristo un sacerdote?
◇ Cristo murió por nuestros pecados y suplica a Dios por nosotros.

❝ 88. ¿Cómo es Cristo un rey?
◇ Cristo gobierna sobre nosotros y nos defiende.

❝ 89. ¿Cuántos mandamientos dio Dios a Israel en el Monte Sinaí?
◇ 613.

❝ 90. ¿Qué llamamos los mandamientos que Dios escribió en la piedra?
◇ Los Diez Mandamientos.

❝ 91. ¿Qué enseñan los primeros cuatro mandamientos?
◇ Enseñan nuestro deber a Dios.

92. ¿Qué enseñan los últimos seis mandamientos?
◇ Enseñan nuestro deber a nuestros semejantes.

93. ¿Cuál es el resumen de los Diez Mandamientos?
◇ Amar a Dios con todo mi corazón, alma, mente y fuerza, y a mi prójimo como a mí mismo.

94. ¿Cuál es el primer mandamiento?
◇ No tendrás otros dioses delante de mí.

95. ¿Qué nos enseña el primer mandamiento?
◇ Adorar solamente a Dios.

96. ¿Cuál es el segundo mandamiento?
◇ No hagas para ti una imagen tallada.

97. ¿Qué nos enseña el segundo mandamiento?
◇ Adorar a Dios solamente y huir de la idolatría.

98. ¿Cuál es el tercer mandamiento?
◇ No tomarás el nombre del Señor tu Dios en vano.

99. ¿Qué nos enseña el tercer mandamiento?
◇ Dar reverencia al nombre de Dios, a su palabra y a sus obras.

100. ¿Qué es el cuarto mandamiento?
◇ Acuérdate del día de reposo para santificarlo.

101. ¿Qué nos enseña el cuarto mandamiento?
◇ Descansar y recordar cómo Dios nos ha librado.

102. ¿Qué es el quinto mandamiento?
◇ Honra a tu padre y a tu madre para que tus días sean largos en la tierra que el Señor Dios te da.

❝ **103. ¿Qué nos enseña el quinto mandamiento?**
◇ *Apreciar la sabiduría de Dios en la elección de mis padres y amar los caminos de Él.*

❝ **104. ¿Qué es el sexto mandamiento?**
◇ *No matarás.*

❝ **105. ¿Qué nos enseña el sexto mandamiento?**
◇ *Valorar la vida y huir de las pasiones que enojan.*

❝ **106. ¿Qué es el séptimo mandamiento?**
◇ *No cometerás adulterio.*

❝ **107. ¿Qué nos enseña el séptimo mandamiento?**
◇ *Ser puro de corazón y mantener firme a nuestra pareja.*

❝ **108. ¿Cuál es el octavo mandamiento?**
◇ *No robarás.*

❝ **109. ¿Qué nos enseña el octavo mandamiento?**
◇ *Ser honesto, trabajador y ser respetuoso a las posesiones de los demás.*

❝ **110. ¿Qué es el noveno mandamiento?**
◇ *No darás falso testimonio contra tu prójimo.*

❝ **111. ¿Qué nos enseña el noveno mandamiento?**
◇ *Decir la verdad independientemente de las consecuencias, y huir de la ganancia deshonesta.*

❝ **112. ¿Qué es el décimo mandamiento?**
◇ *No codiciarás.*

❝ **113. ¿Qué nos enseña el décimo mandamiento?**
◇ *Estar contentos con lo que tenemos.*

114. ¿Puede algún hombre guardar los mandamientos de Dios perfectamente?
> Con excepción de Cristo, ningún hombre desde la caída de Adán jamás pudo o puede guardar los mandamientos de Dios perfectamente.

115. ¿De qué nos sirven los diez mandamientos?
> Ellos revelan los caminos de Dios y muestran nuestra necesidad de un Salvador.

116 ¿Qué es la oración?
> La oración es hablar con Dios para adorarlo; para expresar gratitud, necesidades, y deseos; y para confesar nuestros pecados.

117. ¿En cuál nombre debemos orar?
> Sólo en el nombre de Cristo.

118. ¿Qué nos ha dado Cristo para enseñarnos a orar?
> La oración llamada El Padre Nuestro.

119. Repita la oración del Señor.
> Padre nuestro que estás en el cielo, santificado sea tu nombre, venga tu reino, hágase tu voluntad en la tierra como en el cielo. Danos hoy el pan que necesitamos. Perdónanos nuestras deudas, como también nosotros hemos perdonado a nuestros deudores. Y no nos dejes caer en tentación, sino líbranos del mal. Porque tuyo es el reino, y el poder y la gloria para siempre. Amén.

120. ¿Cuántos sacramentos hay?
> Dos.

121. ¿Qué son?
> El Bautismo y la Cena del Señor.

122. ¿Quién designó estos sacramentos?
> El Señor Jesucristo.

123. ¿Qué signo se usa en el bautismo?
✧ *La inmersión (cubrimiento) del cuerpo en agua.*

124. ¿Qué significa el bautismo?
✧ *Significa que somos limpios del pecado, somos muertos al mundo y ahora vivos en Cristo.*

125. ¿En cuyo nombre somos bautizados?
✧ *En el nombre del Padre, del Hijo, y del Espíritu Santo.*

126. ¿Quiénes deben ser bautizados?
✧ *Aquellos cuya fe está sólo en Cristo para la salvación.*

127. ¿Qué es la Cena del Señor?
✧ *Es el comer pan y beber vino en memoria de los sufrimientos y la muerte de Cristo.*

128. ¿Qué representa el pan?
✧ *Representa el cuerpo de Cristo, quebrantado por nuestros pecados.*

129. ¿Qué representa el vino?
✧ *Representa la sangre de Cristo, derramada por nuestra salvación.*

130. ¿Quién debe participar de la Cena del Señor?
✧ *Sólo aquellos que aman y confían en Jesús.*

131. ¿Qué es la adopción espiritual?
✧ *La adopción espiritual es un acto de la gracia libre de Dios, donde nos convertimos en hijos de Dios y tenemos derechos a todos los privilegios como hijos e hijas de Dios.*

132. ¿Qué beneficios reciben los hijos de Dios?
✧ *Reciben seguridad del amor de Dios, la paz de conciencia, el gozo en el Espíritu Santo, el aumento de gracia, y la perseverancia hasta el fin.*

Intermedio (edades 6-12)

❝ **133. ¿Cuál es el mayor propósito del matrimonio?**
◇ *Mostrar el evangelio al mundo.*

❝ **134. ¿Cómo debe relacionarse un esposo con su esposa?**
◇ *Como Cristo se relaciona con su iglesia.*

❝ **135. ¿Cómo se relaciona Cristo con su iglesia?**
◇ *Se entregó a sí mismo por ella para hacerla santa.*

❝ **136. ¿Cómo ama un esposo a su esposa al igual que Cristo ama a su iglesia?**
◇ *Sólo por el poder del Espíritu Santo.*

❝ **137. ¿Cómo debe una esposa relacionarse con su esposo?**
◇ *Ella se somete al Señor.*

❝ **138. ¿Cómo se somete una esposa a su marido?**
◇ *Sólo por el poder del Espíritu Santo.*

❝ **139. ¿Permaneció Cristo en la tumba después de su crucifixión?**
◇ *No, se levantó de la tumba al tercer día después de su muerte.*

❝ **140. ¿Dónde está Cristo ahora?**
◇ *En el cielo, intercediendo por los santos.*

❝ **141. ¿Vendrá otra vez?**
◇ *Sí, en el último día, Cristo vendrá a juzgar al mundo.*

❝ **142. ¿Qué es el infierno?**
◇ *Es un lugar de terrible e interminable tormento creado para los demonios.*

❝ **143. ¿Qué será de los justos?**
◇ *Ellos vivirán para siempre en la presencia de Dios.*

144. ¿Qué será de los impíos en el Día del Juicio?
 Ellos serán arrojados al infierno.

145. ¿Qué es el cielo?
 Es un lugar glorioso donde los justos estarán para siempre con Dios y Dios con ellos.

146. ¿Qué hacen los ángeles?
 Dios creó a todos los ángeles para hacer Su voluntad y alabar Su nombre.

147. ¿Cuál es la providencia de Dios hacia los ángeles?
 Dios por su providencia permitió que algunos de los ángeles, voluntariosamente e irremediablemente, cayeran en pecado y condenación.

148. ¿Cuáles son los ángeles que Dios permitió caer?
 Los demonios.

149. ¿Quién fue el ángel que Dios permitió llevar a otros ángeles a la condenación?
 Lucifer.

150. ¿A qué cambió Dios el nombre de Lucifer?
 Satanás.

151. ¿Qué hacen los demonios hoy?
 Demonios intentan avanzar el reino de Satanás y destruir a los elegidos de Dios.

152. ¿Qué hacen hoy los ángeles?
 Ellos se esfuerzan en traer la gloria de Dios haciendo todo lo que Él ordena y ministran a los elegidos de Dios.

153. ¿Qué ha decretado Dios para Satanás y sus demonios?
 Ellos serán arrojados al infierno por la eternidad.

154. ¿Cuál es el último enemigo que será arrojado al infierno?
◇ La muerte.

155. ¿Qué pasará con la tierra?
◇ Dios la destruirá y hará nuevas todas las cosas.

156. ¿Qué promesa cumple Dios a Sus elegidos en la eternidad?
◇ Dios será su Dios, y ellos serán su pueblo.

157. ¿Qué son las buenas nuevas?
◇ En misericordia, Dios hizo un camino para salvar a los pecadores a través de la vida, muerte y resurrección de Jesús.

(Versión larga)
◇ Hay un Dios que hizo todo lo visto y lo invisible. Hizo al hombre a su imagen. Lo hizo bueno, pero el hombre pecó. Dios sería justo si castigaba al hombre para siempre por su pecado, pero en su infinita misericordia, Dios hizo posible una manera de salvar al hombre. Él envió a Jesús, el Hijo eterno de Dios, totalmente Dios y totalmente hombre para vivir una vida que nosotros deberíamos haber vivido. Jesús sufrió y murió una muerte que nosotros merecíamos, pero por el poder del Espíritu, él resucitó de entre los muertos. Él ascendió al cielo, y para que aquellos que crean en Él, les dará el nuevo nacimiento y les dará el Espíritu para vivir en ellos. Un día Cristo volverá, juzgará todas las obras de los hombres y habitará para siempre con todos los que creyeron.

Cronología de la Biblia Judía (edades 2+)

1. ¿A quién eligió Dios que fuera bendición para todas las naciones?
◇ Abraham.

2. ¿Era Abraham un hombre justo cuando Dios lo llamó?
◇ No, él adoraba ídolos.

3. ¿Cuándo fue Abraham declarado justo?
◇ Cuando la Biblia dice que él creyó en Dios.

4. ¿Qué clase de pacto hizo Dios con Abraham?
◇ Un pacto incondicional.

5. ¿Qué es un pacto incondicional?
◇ Es un pacto arraigado en la fidelidad de Dios.

6. ¿Qué le prometió Dios a Abraham en su pacto incondicional?
◇ Dios prometió darle tierras y descendencia, y que todas las familias de la tierra serían bendecidas a través de él.

7. ¿Cuál era el nombre del hijo de Abraham concebido a través de la carne?
◇ Ismael, quien fue concebido por una mujer esclava.

8. ¿Cuál es el nombre del hijo de Abraham concebido a través de la promesa de Dios?
◇ Isaac, quien fue concebido por la esposa de Abraham, Sara, según la promesa de Dios.

9. ¿Qué pasó con Ismael?
◇ Dios dijo que se convertiría en una gran nación, pero su mano estaría en contra de todos y la mano de todos contra él.

10. ¿Quién fue el hijo primogénito de Isaac?
◇ Esaú fue el hijo primogénito del Isaac.

11. ¿Obtuvo Esaú la bendición del primogénito?
◇ No, el hijo menor, Jacob recibió la bendición a través de engaños.

12. ¿Necesitaba Jacob recurrir al engaño para conseguir la bendición primogénita?
◇ No, Dios ya había prometido que el hijo mayor serviría al menor.

13. ¿A qué cambió Dios el nombre de Jacob?
◇ Israel.

14. ¿Qué significa el nombre de Israel?
◇ Uno que lucha con Dios.

15. ¿Cuántos hijos tuvo Jacob?
◇ Él tuvo 12 hijos.

16. ¿Cuál de los hijos de Jacob fue vendido como esclavo por sus hermanos?
◇ José.

17. ¿Por qué los hermanos de José lo vendieron a la esclavitud?
◇ Jacob amaba más a José y esto hizo a sus hermanos celosos.

18. ¿Dónde terminó José después de ser vendido por sus hermanos?
◇ José fue esclavizado en Egipto.

19. ¿Qué hicieron los hermanos de José para engañar a su padre Jacob?
◇ Mojaron el manto de José con sangre y le dijeron a Jacob que un animal lo había matado.

20. ¿Qué pasó con José en Egipto?
◇ Dios estaba con él, y él ganó el favor del Faraón en Egipto.

21. ¿Cómo proporcionó José alimentos a su familia durante la escasez de comida?
◇ Faraón nombró a José el segundo encargado de todo Egipto, incluyendo la venta de comida.

22. ¿Reconocieron los hermanos a José cuando vinieron a comprar comida?
◇ No, pero José los reconoció a ellos y los trató duro antes de mostrarles misericordia.

23. ¿Qué pasó con la familia de Jacob cuando se reunieron con José en Egipto?
◇ Jacob y su familia se mudaron a Egipto.

24. ¿Qué sucedió con el pueblo de Dios en Egipto?
◇ Se multiplicaron, y entonces el Faraón los esclavizó porque tuvo temor.

25. ¿Quiénes son las 12 tribus de Israel que recibieron parte de la tierra prometida?
◇ Rubén, Simeón, Judá, Dan, Neftalí, Gad, Aser, Isacar, Zabulón, Benjamín, Efraín y Manasés.

26. ¿Cuál de los hijos de Jacob recibió una doble bendición?
◇ José, porque sus dos hijos, Manasés y Efraín, recibieron una porción de tierra en Canaán.

27. ¿Cuál de los hijos de Jacob no recibió una porción de la tierra prometida?
◇ La tribu de Leví.

28. ¿Qué recibió la tribu de Leví en lugar de tierra?
◇ Dios es la herencia de Leví.

29. ¿Recibió el hijo primogénito de Jacob la bendición?
◇ No, el hijo de José, Efraín, recibió la bendición física, y Judá recibió la promesa de que su descendencia gobernaría.

30. ¿Cuántos años fue esclavizado el pueblo de Dios en Egipto?
◇ 430 años.

31. ¿A quién usó Dios para librar al pueblo judío?
◇ Moisés, de la tribu de Leví.

32. ¿Dónde creció Moisés?
◇ Moisés fue adoptado por la hija de Faraón y creció en Egipto.

33. ¿Cuántas plagas envió Dios a Egipto antes de que el pueblo judío fuera liberado?
◇ 10.

34. ¿Cuál fue la plaga final?
◇ La muerte del primogénito.

35. ¿Por qué no murieron los niños judíos?
◇ Ellos obedecieron a Dios, sacrificaron un cordero y pusieron la sangre sobre sus puertas.

36. ¿Salió el pueblo judío de Egipto en pobreza?
◇ No, Dios hizo que los egipcios les dieran grandes riquezas.

37. ¿Qué hizo el pueblo judío con esas riquezas?
◇ Ellos dieron alegremente sus riquezas para construir el templo de Dios.

38. ¿Qué le dio Dios a Moisés en el monte Sinaí?
◇ La Torá (la Ley).

39. ¿Acordó Israel guardar la Torá?
◇ Sí.

40. ¿Qué prometió Dios hacer si Israel no guardaba su promesa?
◇ *Prometió maldecirlos y sacarlos de la tierra que prometió a Abraham.*

41. ¿Guardó Israel la promesa de obedecer la Torá?
◇ *No, así que fueron exiliados como Dios había prometido.*

42. ¿Prometió Dios solamente el exilio si lo desobedecían?
◇ *No, también prometió regresar la nación de Israel a su tierra.*

43. ¿Escogió Dios a Israel por ser la mejor nación?
◇ *No, Dios los escogió porque le agradaba.*

44. ¿Cuántas fiestas dio Dios a Israel?
◇ *Siete fiestas o tiempos asignados.*

45. ¿Se requiere que los gentiles guarden las fiestas?
◇ *No, sólo eran para las tribus de Israel.*

46. ¿Qué son las fiestas de la primavera?
◇ *Fiesta de la Pascua, Fiesta de los Panes sin Levadura, Fiesta de los Primeros Frutos, y Fiesta de las Semanas (también llamada Pentecostés).*

47. ¿Qué son las Fiestas del Otoño?
◇ *Fiesta de las Trompetas, El Día de la Expiación, y La Fiesta de los Tabernáculos (también llamada las Cabinas).*

48. ¿Qué aprendemos de la Fiesta de la Pascua?
◇ *Aprendemos que la muerte pasó sobre el primogénito de las familias judías, para que Dios pudiera librarlos de la muerte. El cordero de la Pascua apuntaba a Jesús.*

49. ¿Qué podemos aprender de la Fiesta de los Panes sin Levadura?
◇ *Aprendemos que el pecado es el problema y necesita ser removido. Jesús es el pan de vida sin pecado. En Cristo, los creyentes son limpios del pecado.*

50. ¿Qué podemos aprender de la Fiesta de los Primeros Frutos?
Aprendemos que Dios es el que da la cosecha, y Jesús es el primer fruto de los que resucitarán de entre los muertos.

51. ¿Qué podemos aprender de la Fiesta de las Semanas (Pentecostés)?
Aprendemos que los 50 días después de la Fiesta de los Primeros Frutos, Dios dio la Torá y 50 días después de que Jesús resucitó de los muertos, Dios dio el Espíritu Santo.

52. ¿Por qué son especiales las Fiestas de Otoño?
Cada fiesta enseña una lección del pasado y una lección del futuro.

53. ¿Qué podemos aprender de la Fiesta de las Trompetas?
Aprendemos que Israel celebra el Año Nuevo como el nacimiento de la creación. Un día sonará la trompeta y Jesús vendrá por su Iglesia.

54. ¿Qué podemos aprender del Día de la Expiación?
Aprendemos que era el día del año en que el sumo sacerdote entraba en el Santo de los Santos para pedir perdón por los pecados de Israel, y es el día en el futuro que Cristo regresará físicamente a la tierra.

55. ¿Qué podemos aprender de la Fiesta de los Tabernáculos (las Cabinas)?
Aprendemos que Dios proveyó en el desierto cuando Israel salió de Egipto. Un día, los creyentes morarán con Dios.

56. ¿Qué es el Jubileo?
Cada 50 años, se proclamaba la libertad en toda la tierra. Se regresaban todas las propiedades que tenían deudas sin pagar y daban libertad a todos los cautivos.

57. ¿Qué hizo Moisés cuando Israel llegó a la frontera de la tierra prometida?
Envió a 12 espías para espiar la tierra que Dios les había dado.

58. ¿Qué informe dieron los 12 espías enviados por Moisés para inspeccionar la tierra prometida?
◇ *Diez espías informaron con temor, mientras que dos informaron con fe en Dios.*

59. ¿Cuáles son los nombres de los dos espías que informaron con fe?
◇ *Josué, hijo de Nun, y Caleb de la tribu de Judá.*

60. ¿Qué hizo Dios cuando la gente decidió escuchar a los 10 espías que tenían miedo?
◇ *Dios hizo que Israel vagara por el desierto por 40 años.*

61. ¿Condujo Moisés a Israel a la tierra prometida?
◇ *No, él desobedeció a Dios y no llegó a entrar a la tierra prometida.*

62. ¿Quién llevó a Israel a la tierra prometida?
◇ *Josué, hijo de Nun, llevó a Israel a la tierra prometida.*

63. ¿Expulsó Israel a toda la gente que moraba en la tierra prometida?
◇ *No, después de que Josué murió, la siguiente generación no siguió a Dios y perdieron sus batallas.*

64. ¿A quién envió Dios para ayudar a guiar a Israel después de que Josué murió?
◇ *Dios envió a jueces que temporalmente guiaron y libraron a Israel de sus enemigos.*

65. ¿Nombra algunos jueces de la Biblia?
◇ *Gedeón, Débora, Sansón y Samuel fueron todos los jueces.*

66. ¿Quién fue Samuel?
◇ *Samuel fue el último juez y el profeta que ungió al primer rey de Israel.*

67. ¿Cómo rechazó Israel a Dios como su gobernante?
◇ *Israel pidió tener un rey así como las otras naciones.*

68. ¿Quién fue el primer rey de Israel?
◇ *Dios les dio a Saúl de la tribu de Benjamín como primer rey de Israel.*

Cronología de la Biblia Judía (edades 2+)

69. ¿Quién fue el segundo rey de Israel?
◇ David de la tribu de Judá.

70. ¿Qué le prometió Dios al rey David?
◇ Dios le prometió a David que alguien de su línea familiar sería el Mesías, y su reino duraría para siempre.

71. ¿Cuál de los hijos de David fue su sucesor como rey?
◇ Salomón, hijo de Betsabé, cuyo marido Urías, David mató.

72. ¿Quién edificó el templo en Jerusalén?
◇ Dios dejó que Salomón lo construyera ya que David era un hombre de sangre.

73. ¿Permaneció Salomón fiel?
◇ No, Salomón no escuchó las instrucciones de Dios y fue llevado a la idolatría por mujeres extranjeras.

74. ¿Qué consecuencia vino como resultado de la idolatría de Salomón?
◇ El reino se dividido en dos: el Reino del Norte y el Reino del Sur.

75. ¿Cuántas tribus había en el Reino del Norte?
◇ 10 tribus.

76. ¿Qué dos tribus permanecieron fieles a la línea de David?
◇ La tribu de Benjamín y la tribu de Judá.

77. ¿Cuál fue la capital del Reino del Norte?
◇ Samaria.

78. ¿Cuál fue la capital del Reino del Sur?
◇ Jerusalén fue, es, y será siempre la Ciudad Santa.

79. ¿Por qué fueron conquistados ambos reinos?
◇ Debido a su continua idolatría, Dios los dispersó como Él había prometido.

80. ¿En qué año fue el Reino del Norte conquistado por los asirios?
✧ En 722 A.C.

81. ¿En qué año fue el Reino del Sur conquistado por los babilonios?
✧ Fue conquistado en 607, y el Templo destruido en 586 A.C.

82. ¿Qué otros nombres llama la biblia al Reino del Norte?
✧ Efraín y la Casa de Israel.

83. ¿Qué otro nombre llama la biblia al Reino del Sur?
✧ Judá.

84. ¿Cuántos reyes gobernaron el Reino del Norte?
✧ Dios ungió a 19 reyes, pero todos fueron malignos y ninguno de ellos venía de la línea de David.

85. ¿Cuántos reyes gobernaron el Reino del Sur?
✧ Dios ungió 20 reyes; seis fueron buenos, y todos fueron de la línea de David.

86. ¿Regresaron las tribus de Israel alguna vez a la tierra que Dios les había prometido?
✧ Como Dios había profetizado, Ciro, rey de Persia, dejó que los exiliados del Reino del Sur regresaran a Israel. Muchas de las tribus del Reino del Norte regresaron, pero no de la misma manera profetizada.

87. ¿Quién fue Elías?
✧ Fue un profeta durante el reino del rey malo llamado Acab, que hizo muchos milagros y destruyó a los profetas de Baal.

88. ¿Qué profetizó el profeta Ezequiel?
✧ Ezequiel advirtió de la destrucción de Israel pero prometió que un nuevo espíritu sería dado y que Dios reunificaría a Israel.

89. ¿Qué profetizó Isaías?
◇ Isaías advirtió de la destrucción de Judá pero dio muchas profecías sobre el Mesías venidero.

90. ¿Quién es Esdras?
◇ Es un descendiente sacerdotal de Aarón que regresó después del exilio de Babilonia y reintrodujo la Torá (la Ley) a Israel.

91. ¿Quién condujo el primer retorno de los judíos del exilio?
◇ Zorobabel condujo al primer grupo de judíos a Jerusalén después de 70 años de exilio y reconstruyó el templo.

92. ¿Quién condujo el segundo regreso de los judíos del exilio?
◇ Esdras el escriba, condujo al segundo grupo de judíos a Jerusalén y restauró la adoración en el templo.

93. ¿Quién condujo el tercer retorno de los judíos del exilio?
◇ Nehemías condujo el tercer grupo de gente judía y reconstruyó la pared del templo.

94. Guiados por Nehemías, ¿cuánto tiempo tomó para reconstruir la pared en Jerusalén?
◇ Sólo tomó 52 días.

95. ¿Por qué no fue el segundo templo tan bueno como el primero?
◇ Fue sin el arca del pacto, así que la presencia de Dios no estaba allí como antes.

96. ¿Quién es Esther?
◇ Una joven judía que fue reina de Persia durante el exilio.

97. ¿Qué hizo Ester?
◇ La reina Ester escuchó el sabio consejo, arriesgó su vida y detuvo un plan de exterminar a todos los judíos.

98. ¿Quién era Malaquías?
✧ *Malaquías fue el último profeta enviado por Dios a Israel antes de enviar a Juan el Bautista 400 años después.*

99. ¿Quién era Juan el Bautista?
✧ *Juan el Bautista fue el último profeta del Antiguo Testamento y fue el precursor del Mesías.*

100. ¿Qué dijo Juan el Bautista cuando Jesús se le acercó?
✧ *"Aquí tienen al Cordero de Dios, que quita el pecado del mundo" (Juan 1:29).*

Herramientas del Discipulado Familiar

Bendiciones de las Escrituras

Estas bendiciones son simplemente escrituras que han sido un tanto personalizadas para que un padre, madre, abuelos o incluso hermanos mayores puedan orar por los niños.

Génesis 48:15-16*

Que el Dios ante quien Abraham e Isaac caminaron,
   el Dios que ha sido mi pastor hasta hoy,
   y que me ha librado de todo daño
   te bendiga y haga que Su nombre viva en ti
   y en tus hijos que vengan después. ¡Amén!

1 Reyes 8:57-60*

Que el Señor nuestro Dios esté contigo como ha estado conmigo.
Que Él nunca te deje ni te abandone.
Que Él incline tu corazón hacia Él
   y que te haga caminar en todos Sus caminos.
Día y noche que tus oraciones estén cerca de Él.
Que el Señor mantenga su causa
   y la causa de todo Su pueblo
Para que tú y todos los pueblos de la tierra sepan
   que el Señor es Dios, y que no hay otro. ¡Amén!

Números 6:24-26*

El Señor te bendecirá y te mantendrá.
El Señor hará resplandecer Su rostro sobre ti
    y tendrá misericordia de ti.
El Señor levantará Su rostro sobre ti
    Y te dará paz. ¡Amén!

Salmo 1*

¡Que el Señor te bendiga!
Que el Señor te dé
    el valor de no andar en el consejo de los impíos;
    la fe para no permanecer en el camino de los pecadores;
    y la decisión de no sentarte en el asiento de burladores.
Que siempre te deleites en la ley de Jehová
    y medites en ella de día y de noche.
Que seas como un árbol plantado por arroyos de agua,
    que produce su fruto a tiempo
    y sus hojas no se marchitan.
Que el Señor haga prosperar todo lo que haces para Su gloria,
Y que el Señor cuide de tu camino
    todos los días de tu vida
    para que puedas permanecer en el día del juicio
    y unirte a la asamblea de los justos para siempre. ¡Amén!

Deuteronomio 28: 3-6*

Bendito serás cuando obedezcas al Señor tu Dios.
Bendito serás en la ciudad.
Bendito serás en el campo.

Bendita será tu descendencia.
Bendita será la obra de tus manos.
Bendito serás cuando entres.
Bendito serás cuando salgas.
Bendito sea el nombre del Señor en tu vida, por siempre y para siempre. ¡Amén!

Salmo 4*

Que el Señor responda cuando ores
   y alivie tu angustia.
Que Él levante la luz de Su rostro sobre ti
   y extienda alegría en tu corazón, excediendo todo gozo terrenal.
Que el Señor te establezca como una persona piadosa
   que confía en Él.
Que el Señor te haga morar en seguridad.
Y cuando te acuestes, que puedas dormir en paz. ¡Amén!

Salmo 13:5-6*

Que el Señor trate abundantemente contigo
   todos los días de tu vida,
Y que siempre tengas confianza en la misericordia de Jehová.
En los días de dolor y oscuridad,
   regocíjate en la salvación del Señor
Y canta a Él por siempre y para siempre. ¡Amén!

Filipenses 1:9-11

Te bendigo, para que tu amor pueda abundar más y más
   en conocimiento real y todo discernimiento,

para que puedas aprobar las cosas que son excelentes,
para que seas sincero y sin culpa hasta el día de Cristo;
Que seas lleno del fruto de la justicia
que viene a través de Jesucristo, a la gloria y alabanza de Dios.
¡Amén!

1 Tesalonicenses 3:10-13*

Que Dios complete lo que falta en tu fe
para que conozcas a Dios el Padre, a Su hijo Jesús
para que el Espíritu de Dios dirija tu camino.
Que el Señor en ti haga que crezca y que abunde el amor por todas las personas,
para que establezca tu corazón sin culpa en santidad
ante Dios cuando venga el Señor Jesús. ¡Amén!

Salmo 16*

Que el Señor sea tu consejero todos los días de tu vida.
Aún en la noche, que el Señor instruya tu corazón.
Que siempre pongas al Señor delante de ti.
Que el Señor esté siempre a tu mano derecha
para que nunca caigas.
Que tu corazón se alegre, tu lengua se regocije,
y tu cuerpo descanse seguro.
Que el Señor te dé a conocer el camino de la vida,
y te llene de alegría en Su presencia
y te de dicha eterna a Su mano derecha por siempre y para siempre. ¡Amén!

Salmo 23*

Que el Señor sea tu pastor.
Que Él te bendiga con todo lo que necesitas.
Que Él te haga acostarte en verdes pastos,
   y te lleve junto a aguas tranquilas, y restaure tu alma.
Que Él te guíe en senderos de justicia
   por amor a Su nombre.
Que Su vara y Su cayado te ayuden a no temer el mal
   aun cuando camines
   por el valle de la sombra de la muerte.
Que el Señor prepare una mesa delante de ti
   en presencia de tus enemigos.
Que Él unja tu cabeza con aceite.
Que tu copa de alegría fluya continuamente.
Que la bondad y la misericordia del Señor te sigan
   todos los días de tu vida
Y vivas en la casa de Jehová para siempre. ¡Amén!

Salmo 103:1-5*

Bendice a Jehová todos los días de tu vida.
Con todo lo que hay dentro de ti, bendice su santo nombre.
Que nunca olvides los beneficios de aquel que
   perdona tus pecados, cura tus enfermedades y
   redime tu vida de la destrucción.
Que el Señor satisfaga tus años con las cosas buenas
   Y corone tu vida con cariño
   Y misericordias para siempre. ¡Amén!

Salmo 112*

Que seas una persona bendita que teme al Señor;
Que encuentres gran deleite en los mandamientos del Señor.
Que tus hijos sean poderosos en la tierra. Incluso la siguiente
    generación, que tú y tus hijos sean bendecidos.
Que encuentres tu fortuna y tus riquezas en Dios.
Que permanezcas en justicia para siempre.
Incluso en la oscuridad, que la luz amanezca para ti.
Que seas una persona llena de misericordia,
    compasiva y justa.
Que seas fuerte y no caigas. Y que tu nombre, [Insertar el nombre],
    sea recordado por el Señor para siempre. ¡Amén!

Salmo 121:5-8*

Que el Señor te vigile.
Que Él sea una sombra protectora a tu mano derecha
    para que el sol no te haga daño de día
    o la luna por la noche.
Que el Señor te guarde de todo mal.
Que Él vigile tu vida.
Que Él te cuide cuando vengas y cuando vayas
    desde ahora y para siempre. ¡Amén!

2 Tesalonicenses 1:11-12*

Por eso siempre oro por ti:
Para que el Señor te haga digno de Su llamamiento
    cumpliendo toda buena resolución y obra de fe

por su poder.
Y que el nombre del Señor Jesús sea glorificado en ti
   y tú en Él, según la gracia
   de nuestro Dios y de nuestro Señor Jesucristo,
   A quien sea la gloria por siempre y para siempre. ¡Amén!

2 Tesalonicenses 2:16-17, 3:16*

Que el Señor Jesucristo mismo y Dios nuestro Padre,
   quien te ama y por Su gracia
   te de eterno estímulo y esperanza, comodidad
   y fortalezca tu corazón en toda buena obra y palabra.
Que el Señor de paz te dé paz continuamente
   Y en toda buena circunstancia.
Y que la gracia del Señor Jesucristo esté contigo
   ahora y siempre. ¡Amén!

Hebreos 12: 1*

Que el Señor te bendiga como a los valientes de la fe
   que han ido antes de ti.
Que Él te dé:
     gracia para dejar a un lado todo peso que nos estorba
     y el pecado que tan fácilmente nos enreda;
     resistencia para correr la carrera por delante;
     fijando la mirada en Jesús,
       quien es el autor y el que perfecciona nuestra fe. ¡Amén!

Hebreos 13:20-21*

Que el Dios de la Paz
  quien levanto de entre los muertos a nuestro Señor Jesucristo
  a través de la sangre del pacto eterno
  te capacite con todo lo bueno para hacer Su voluntad,
  y que Él produzca en ti mediante el poder de Jesucristo, todo lo bueno
  que le agrada.
  A quien sea la gloria por siempre y para siempre. ¡Amén!

Salmo 125:1-2*

Que el Señor engrandezca tu confianza en él.
Que seas como el monte de Sión que no puede ser sacudido
  pero permanece para siempre.
Así como las montañas rodean a Jerusalén,
  que el Señor te rodee
  ahora y para siempre. ¡Amén!

Salmo 15*

Que seas bendecido con la presencia de Jehová.
Que tu caminar sea irreprochable y tu obra sea justa.
Que el Señor guarde tu lengua del pecado
  Y tus relaciones con otros sean puras.
Que seas honrado, cariñoso y generoso con tu dinero.
Que el Señor te guarde en Su camino
  para que no caigas
  sino que permanezcas en la justicia para siempre. ¡Amén!

Romanos 15:13*

Que el Dios de la esperanza te llene de toda alegría y paz
   al confiar en Él,
   para que abundes en esperanza,
   a través del poder del Espíritu Santo. ¡Amén!

2 Corintios 13:14*

Que la gracia del Señor Jesucristo y el amor de Dios,
   y la comunión del Espíritu Santo permanezca contigo
   ahora y siempre. ¡Amén!

Efesios 3:14-19*

Y ahora, que nuestro gran y eterno Padre te bendiga.
Que Él fortalezca tu ser interior
   con poder del Espíritu Santo.
Que Cristo habite en tu corazón por medio de la fe.
Que estés arraigado y fundado en el amor
   para que comprendas así con todos los santos
   la anchura y la longitud y la altura y la profundidad
   del amor de Cristo que sobrepasa todo conocimiento.
Que seas lleno de toda la plenitud de Dios
   según las riquezas de Su gloria.
Y exaltes Su nombre glorioso por siempre y para siempre.
¡Amén!

Efesios 3:20-21*

Que Dios haga en ti abundantemente mucho
    más allá de todo lo que pides o pienses,
    de acuerdo con el poder que trabaja dentro de ti,
A Él sea la gloria
    en tu vida en Cristo Jesús,
    y a todo tu linaje por siempre y para siempre. ¡Amén!

Efesios 6:10-17*

Que seas una persona que es fuerte en el Señor
    y en Su gran poder.
Que seas bendecido con toda la armadura de Dios
    para que puedas resistir todas las estrategias del diablo.
Que te mantengas firme con el cinturón de la verdad
    abrochado alrededor de tu cintura, y la coraza
    de la justicia en su lugar, y en tus pies
    el calzado equipado con la preparación del Evangelio de paz.
Que tú tomes el escudo de la fe, el casco de la salvación
    y la espada del Espíritu, que es la Palabra de Dios,
    para que cuando llegue el día malo puedas
    resistir hasta el fin con firmeza. ¡Amén!

Efesios 1:17-19

Que el Dios de nuestro Señor Jesucristo, el Padre de gloria,
    te de el Espíritu de sabiduría y de revelación
    en el conocimiento de Él.
Y que los ojos de tu corazón sean iluminados

para que así sepas cuál es la esperanza a la que te ha llamado,
y sepas cuáles son las riquezas de Su gloriosa herencia entre los santos,
y cuán incomparable es la grandeza de su poder. ¡Amén!

1 Tesalonicenses 5:23-24 *

Que el Dios de la paz te santifique por completo.
Que tu espíritu, alma y cuerpo sean preservados
    sin culpa para la venida de nuestro Señor Jesucristo.
Y que siempre confíes en Aquel que te llama
    y que ha cumplido fielmente tu redención. ¡Amén!

Salmo 51:1-2

Que Dios tenga misericordia de ti conforme a Su gran amor,
    Conforme a Su inmensa bondad.
Y que borre tus transgresiones.
Que nuestro poderoso Dios, te lave de toda
    maldad y te limpie de todo pecado. ¡Amén!

Salmo 51:9-12

Que Dios oculte su rostro de tu pecado
    y borre todas tus iniquidades.
Que Dios cree en ti un corazón limpio,
    y renueve su espíritu desde adentro.
Que nunca seas desechado de la presencia de Dios.
Que Dios te dé la plenitud de Su Espíritu,
    restaure el gozo de tu salvación
    y te sostenga con espíritu obediente. ¡Amén!

Deuteronomio 13:3-4

Cuando el Señor tu Dios te pruebe para saber
   si lo seguirás con todo tu corazón y alma.
Que sigas a Dios, que le temas, que guardes sus mandamientos,
   obedezcas su voz.
Que le sirvas y permanezcas fiel a Él todos los días de tu vida. ¡Amén!

Deuteronomio 31:6

Que seas fuerte y valiente.
Que nunca temas ni te asustes de ningún hombre
   porque Él va contigo.
Y que Dios nunca te deje ni te abandone. ¡Amén!

1 Timoteo 4:12-13

Que nadie te menosprecie por ser joven, al contrario,
   que los creyentes vean en ti un ejemplo en la manera de hablar,
   en conducta, y en amor, fe y pureza.
Que tu vida se marque con una devoción a la lectura de las Escrituras,
   animando y enseñando a otros. ¡Amén!

Eclesiastés 3:1-8

Te bendigo sabiendo que todo tiene su tiempo designado por nuestro Padre
   porque todo en tu vida es hermoso.
Te bendigo confiando en Su plan soberano, aun cuando no puedas verlo.
Te bendigo con alegría en los nacimientos, la paz que rodea la muerte,
   consuelo en tiempos de llorar, amigos con quien reír,
   sabiduría para saber cuándo acogernos, sabiduría para saber cuándo esparcirnos,

la audacia de hablar, la fuerza para guardar silencio, la resolución de luchar cuando sea necesario
y que tu corazón descanse en tiempos de paz. ¡Amén!

Salmo 91:9-16

Te bendigo con el Señor como tu refugio
   y en quien encuentras protección.
Que ningún mal te suceda, que ninguna enfermedad te llegue.
Que los ángeles de Dios te cuiden en todos tus caminos.
Que pisotees a todos los enemigos que parecen tan fuertes como un león
   o peligrosos como una serpiente porque Dios se aferra a ti en amor
   y siempre te librará.
Te bendigo con la protección de Dios porque Él conoce tu nombre,
   Él responde cuando llamas, te da vida larga, te satisface
   y revela a ti Su salvación. ¡Amén!

Juan 17:14-17

Padre, he dado a estos niños tu palabra,
   y si el mundo los odia porque no son del mundo,
No te pido que los quites del mundo,
   sino que los alejes del maligno.
Santifícalos en la verdad; tu palabra es verdad. ¡Amén!

1 Timoteo 6:11-14

Te bendigo para que sigas la justicia, la piedad,
   fe, amor, firmeza y humildad.
Te bendigo para que luches la buena batalla de la fe;

para que tomes la vida eterna a la que Dios te llamó
y que hagas buena confesión
en presencia de muchos testigos.
Te bendigo en la presencia de Dios, que da vida a todas las cosas,
y de Cristo Jesús, para guardar los mandamientos sin mancha
y libre de falta hasta la venida de nuestro Señor Jesucristo. ¡Amén!

Proverbios 3:5-8

Que seas bendecido para confiar en el Señor de todo tu corazón,
y no en tu propia inteligencia.
Que busques Su voluntad en todo lo que hagas.
Que el Señor haga rectos tus caminos.
Te bendigo para que no seas sabio en tus propios ojos
sino que temas al Señor y te alejes del mal,
trayendo salud a tu cuerpo y fortaleza a tus huesos. ¡Amén!

Proverbios 3:9-12

Que honres a Jehová con tus riquezas
y con los primeros frutos de lo que produces.
Que el Señor entonces llene tus graneros con abundancia
para que tus tinas estén llenos de vino.
Hijo mío, no desprecies la disciplina del Señor
ni te enojes cuando te corrige, más ve la represión del Señor
como garantía de su amor y deleite en ti. ¡Amén!

Filipenses 4:8-9

Te bendigo para pensar en estas cosas; todo lo que es verdadero,
   todo lo que es honorable, todo lo que es justo, todo lo puro,
   todo lo amable, todo lo digno de admiración,
   todo lo que sea excelente, o sea digno de alabanza.
Y que puedas practicar estas cosas mientras yo trato de vivirlas ante ti
   para que el Dios de paz esté contigo. ¡Amén!

Efesios 4:29-32

Yo bendigo tu lengua para que ningún lenguaje ofensivo salga de tu boca,
   pero sólo que tus palabras edifiquen, como corresponde a la ocasión,
   y sean de bendición a los que escuchan.
Y que nunca entristezcas al Espíritu Santo de Dios,
   por quien fuiste sellado para el día de la redención.
Te bendigo con un corazón que aparta toda amargura y furia,
   ira y gritos, calumnias, y toda forma de malicia.
Que seas amable con todos, tierno, perdonando a otros,
   así como Dios te perdona a ti. ¡Amén!

Colosenses 1:9-11

Te bendigo para que te llenes del conocimiento de la voluntad de Dios
   en toda sabiduría y comprensión espiritual,
   para que andes de manera que honra al Señor.
Que tu vida agrade a Dios, dando fruto en toda buena obra
   y crezcas en el conocimiento de Dios.
Que Dios te fortalezca con todo el glorioso poder,
   para que tengas toda la constancia y la paciencia,
   con alegría.

Colosenses 1:12-13

Doy gracias al Padre, que te ha capacitado
    para participar de la herencia de los santos en la luz.
Agradezco a Dios que Él te rescatará del
    dominio de la oscuridad y te llevará
    al reino de su amado Hijo,
    en quien puedes recibir redención y
    el perdón de los pecados. ¡Amén!

1 Tesalonicenses 3:11-13

Que el Dios y Padre mismo,
    Y nuestro Señor Jesús, dirija tu camino.
Y que el Señor te haga crecer
    abundantemente en el amor para todos,
    para que pueda fortalecer tu corazón
    sin culpa en santidad. ¡Amén!

Éxodo 33:13

Te bendigo con gracia ante los ojos de Dios
    así que te muestre Sus caminos,
para que lo conozcas. ¡Amén!

Salmo 91:14-16

Te bendigo con la capacidad de aferrarte a Dios en amor
    para que Él te rescate.
Que Dios te proteja, porque Él conoce tu nombre.

Cuando le llames, Él te contestará
   y cuando estés en problemas, Él estará contigo y te rescatará.
Que Dios te bendiga con larga vida,
   que te satisfaga y te muestre Su salvación. ¡Amén!

Jonás 2:2

Te bendigo cuando clames en tu angustia,
Dios te responderá.
Y cuando le llames,
Él escuchará tu voz. ¡Amén!

Josué 1:5-6

Yo te bendigo para que ningún hombre pueda enfrentarse a ti
   todos los días de tu vida.
Que Dios esté contigo como estuvo con Moisés
   y que él nunca te deje o te abandone.
Te bendigo para que seas fuerte y valiente;
   para que heredes todo lo que Dios tiene para ti. ¡Amén!

Josué 1:7-8

Que seas fuerte y muy valiente, teniendo cuidado
   de obedecer según todo lo que Dios te pide
   y no te desvíes de ella ni a la derecha ni a la izquierda,
   Que puedas tener buen éxito donde quiera que vayas.
Que su palabra nunca se aparte de tu boca,
   pero que medites en ella día y noche,
   para que tengas cuidado de hacer todo lo que está escrito.

Porque entonces hará que tu camino sea próspero,
y entonces tendrás buen éxito. ¡Amén!

Génesis 48:20 (para niños varones)

Que Dios te haga como Efraín y Manasés. ¡Amén!

Proverbios 31:25-26, 29 (para niñas)

Que la fuerza y la dignidad sean tu ropa mientras te ríes
  en los días por venir.
Que abras tu boca con sabiduría ya que la enseñanza de
  la bondad está en tu lengua.
Cuando las niñas a tu alrededor hagan lo bueno, te bendigo para que tú superes a todas. ¡Amén!

*Estas bendiciones son copiadas o adaptadas de *A Father's Guide to Blessing His Children* por David Michael.

Copyright © 1999, 2009 por *Children Desiring* God
1.877.400.1414
info@childrendesiringGod.org
www.childrendesiringGod.org

Diccionario Familiar

Acción de Gracias – agradecer a Dios por lo que ha hecho

Adopción – cuando Dios elige traer a su familia aquellos que aman y confían en Jesús y les da Su Espíritu

Alabanza – decir a Dios lo bueno que es

Alegría – el placer que viene en conocer a Dios, sin importar la situación en la que uno se encuentra

Alma – la parte de una persona que vive para siempre

Altar – una plataforma utilizada para ofrecer un sacrificio

Ángel – un espíritu creado para servir los propósitos de Dios

Arrepentimiento – alejarse de tus propios caminos y seguir los caminos de Dios.

Autoridad – el derecho de estar a cargo

Ayunar – no comer alimentos o comer sólo ciertos alimentos por un tiempo limitado

Bautizar – sumergir (cubrir) en agua (una manera de identificarse con la muerte, sepultura y la resurrección de Jesús)

Cielo – el lugar donde Dios vive

Compasión – ver, cuidar y actuar cuando otros están necesitados

Confesar – decir la verdad acerca de su propio pecado sin que se le pida

Confianza – mostrar fe actuando sobre lo que uno cree

Corazón – donde vive la creencia

Delicia – cuando nuestro corazón es feliz porque Dios está en el lugar más alto

Demonio – un ángel que eligió seguir a Satanás en lugar de servir a Dios

Diablo – otro nombre para Satanás

Disciplina – Dios amorosamente entrena a sus hijos a ser más como Jesús

Discípulo – una persona que hace las cosas que su maestro enseña sin importar el costo

Eternidad – sin principio o sin fin

Exilio – ser enviados lejos de un lugar determinado

Fe – plena confianza en lo que Dios dice a causa de quién él es

Generoso – dar alegremente y abundantemente a los demás

Glorificar – mostrar, honrar y disfrutar la grandeza de Dios

Gracia – cuando Dios da y hace el bien a sus hijos en lugar de dar lo que merecen

Gratitud – ser agradecidos a Dios, no importa lo que él da

Hebreo – un nombre para alguien de la nación de Israel

Hijos de Dios – los que aman y confían en Jesús

Humildad – feliz de estar en el lugar más bajo de importancia

Infierno – un lugar de fuego eterno y separación de Dios creado para los demonios

Judío – refiriéndose a alguien de la nación de Israel

Justicia – imparcialidad en dar recompensa, disciplina o castigo

Justificación – ser libre de culpa o pecado

Justo – tener un corazón limpio en todo lo que haces

Obediencia – haciendo lo que se le dice de inmediato con una gran actitud

Oración – conversación con Dios. Oramos al Padre Celestial debido a Jesús con la ayuda del Espíritu Santo

Orgullo – mostrando honor a sí mismo y disfrutándose como el mayor

Paciencia – esperar sin quejarse, incluso cuando las cosas se ponen difíciles

Pecado – todo lo que viene del corazón que no trae gloria a Dios

Reconciliar – traer paz y quitar la separación entre Dios y la gente

Redención – ser devuelto de la esclavitud

Sabiduría – saber lo que Dios piensa acerca de algo y saber cómo actuar

Sacrificio – un animal impecable, matado sobre un altar para adorar a Dios

Santo – ser apartado (Dios es santo, o perfecto y separado del pecado)

Satanás – el ángel principal que se rebeló contra Dios, que ahora engaña y acusa a los hijos de Dios

Seguridad – esperanza segura y firme; creer y confiar en Dios

Soberano – tener el derecho, el poder y la autoridad para estar a cargo

Tentación – cuando el pecado parece bueno a pesar de que es malo

Cantos para la Familia
(Busque cualquiera de estos en YouTube. El intérprete sugerido está entre paréntesis)

"Here Is Love" por William Rees (Bethel Church)
"Amazing Grace" por John Newton (Wintley Phipps)
"The Solid Rock" por Edward Mote (Austin Stone)
"I Stand Amazed" por Charles Gabriel (Chris Tomlin)
"Jesus Paid It All" por Elvina Hall (David Crowder)
"In Christ Alone" por Townend & Getty (Lauren Daigle)
"10,000 Reasons" por Matt Redman and Jonas Myrin
"How Deep the Father's Love for Us" por Stuart Townend (Fernando Ortega)
"Go Tell It on the Mountain" por John W. Work Jr. (MercyMe)
"Doxology" por Thomas Ken (David Crowder Band)
"Joyful, Joyful, We Adore Thee" por Henry Van Dyke (Casting Crowns)
"How Great Thou Art" por Stuart Hine (Carrie Underwood)

Resumen de los libros del Antiguo Testamento

Pentateuco – Los primeros cinco libros

- **Génesis –** creación, la caída, el diluvio, la extensión de las naciones, el comienzo de la nación Hebrea y la esclavitud del pueblo de Dios

- **Éxodo –** Dios libera a Israel de la esclavitud; el nacimiento de Israel como nación, el pacto de Dios con Israel, la entrega de la Torá y las instrucciones para construir el tabernáculo

- **Levítico –** instrucciones sobre el sistema de sacrificios y del sacerdocio, e instrucciones sobre la pureza moral

- **Números –** el viaje a la tierra prometida; Israel construye el becerro de oro estando en el Monte Sinaí; Dios disciplina a la nación con 40 años vagando por el desierto

- **Deuteronomio –** comentario de Dios sobre el pacto

Libros históricos – 12 libros

- **Josué –** la conquista y la asignación de la tierra prometida de Canaán

- **Jueces –** los primeros 300 años en la tierra prometida y el tiempo de los jueces; Israel no logra sacar a la gente de Canaán, y todos hacen lo que es correcto ante sus propios ojos

- **Rut** – la historia de la familia Mesiánica de David; Booz, un pariente redentor, redime a una moabita llamada Rut

Los siguientes 6 libros trazan el tiempo de Samuel al cautiverio

- **1 Samuel** – Israel cambia de jueces a tener un rey; el profeta Samuel unge a Saúl como Rey, Saúl desobedece, Dios rechaza a Saúl, y Samuel unge a David
- **2 Samuel** – El reino de David como rey; David comete adulterio y asesinato; el ascenso de su hijo Salomón
- **1 Reyes** – División del reino; Salomón y la nación de Israel se vuelven poderosos y famosos; la idolatría de Salomón causa que el reino se divida (10 tribus al norte y 2 al sur)
- **2 Reyes** – Historia del reino dividido; los 19 reyes de Israel fueron malos; en Judá, 8 de los 20 gobernantes fueron buenos y los demás fueron idólatras; Dios exilia ambos reinos de la tierra; los asirios conquistan el norte, y Babilonia conquista el sur
- **1 Crónicas** – Se enfoca en las genealogías del Reino del Sur y relata gran parte de los libros de Samuel y los Reyes
- **2 Crónicas** – Historia del Reino del Sur de Judá; relata la vida de Salomón, la construcción del templo y la historia de Judá

Los siguientes tres libros abarcan la restauración de Israel.

- **Esdras** – registra el regreso de los judíos del exilio babilónico en dos grupos separados y la reconstrucción del templo; Zorobabel condujo al primer grupo y Esdras condujo el segundo grupo
- **Nehemías** – continuación de la historia del regreso de los judíos a Jerusalén; Nehemías reconstruye los muro de Jerusalén; Esdras lee la Torá (la Ley) y hay un gran avivamiento

- **Ester** – mientras en el exilio, Dios entrega a su pueblo; La reina Ester, una hebrea casada con un rey persa, escucha sabios consejos y arriesga su vida, resultando en los judíos escapando de extinción

Poético – cinco libros

- **Job** – Dios en su soberanía prueba a un hombre justo al permitirle ser atacado directamente por Satanás; La misericordia de Dios se encuentra en la profunda relación de Job con Dios
- **Salmos** – escrito mayormente por el rey David, es una colección de oraciones, cantos y meditaciones
- **Proverbios** – escrito mayormente por el rey Salomón, es una colección de poemas y dichos sabios, útiles en la vida cotidiana
- **Eclesiastés** – un resumen del rey Salomón de la búsqueda del sentido de la vida; él concluye de que todo es vanidad y aconseja a todos a gozar de los dones de Dios y temerle y obedecerle
- **Cantares** – un canto poético entre Salomón y su novia como imagen del amor entre Dios y su pueblo

Profético – 17 libros (profetas mayores y profetas menores)

Profetas Mayores – cinco libros

- **Isaías** – (al Reino del Sur) proclama el juicio venidero de Dios sobre el Reino del Sur por Babilonia y da una visión profética al Mesías venidero

- **Jeremías** –(al Reino del Sur) súplica final para el arrepentimiento de Judá antes de un juicio eventual; profetiza el plan de Dios para un nuevo pacto y el rey que viene

- **Lamentaciones** – cinco poemas de lamento doloroso sobre la desolación de Jerusalén; describe la derrota y caída de Jerusalén

- **Ezequiel** – durante el exilio babilónico, Ezequiel pronuncia juicio sobre Israel y las naciones vecinas; Ezequiel proporciona una visión del futuro reino milenio y narra la restauración de un remanente de Israel

- **Daniel** – relato histórico de cómo Dios protegió a Israel durante el exilio; muchas visiones muestran el poder soberano de Dios sobre todos los reinos de la tierra

Profetas Menores – 12 libros

- **Oseas** – (Reino del Norte) el matrimonio de Oseas con una esposa infiel es un imagen de la infidelidad de Israel hacia Dios y su amor inquebrantable

- **Joel** – (Reino del Sur pre-exilio) un relato aterrador del juicio futuro de Judá si no se arrepiente; da la esperanza del reino venidero

- **Amós** – (Reino del Norte) advirtió a Israel de su juicio venidero debido su opresión de los pobres y su falta de justicia

- **Abdías** – (Edom) proclama la destrucción de Edom, una nación gentil vecina, por tomarse el placer en el juicio de Dios de Jerusalén

- **Jonás** – (Nínive) proclama un juicio venidero sobre Nínive si no se arrepienten; Nínive escucha y se salva, al disgusto de Jonás

- **Miqueas** – (Reinos del Norte y del Sur) proclama la destrucción de Israel y Judá por su idolatría y falta de justicia; promete la restauración y profetiza que el Mesías nacerá en Belén

- **Nahúm** – (Nínive) profetiza la destrucción de Nínive; Nínive se arrepintió después de la predicación de Jonás, pero su regreso a la iniquidad trajo el juicio de Dios

- **Habacuc** – (Reino del Sur) cuestiona a Dios por no reclamar la iniquidad de Judá; cuestiona a Dios por usar a los babilonios para juzgar a Judá; sin respuesta, Habacuc descansa en la salvación de Dios

- **Sofonías** – (Reino del Sur) anuncia el día del Señor contra Judá y las naciones; Dios eventualmente bendecirá a las naciones y un remanente de Judá será restaurado

- **Hageo** – después de regresar del exilio, Hageo dice que Dios está reteniendo la prosperidad porque están construyendo sus propias casas primero; la gente escucha y Dios responde con estímulo y bendición

- **Zacarías** – anima a los judíos a terminar el templo; contiene muchas profecías mesiánicas; habla de los gentiles que adoran a Dios

- **Malaquías** – después de regresar del exilio, Malaquías entrega un mensaje final de juicio venidero a un pueblo desobediente y habla de un precursor del Mesías

Pasajes de las Escrituras para Memorizar

Juan 1:1-14

¹ En el principio ya existía el Verbo, y el Verbo estaba con Dios, y el Verbo era Dios. ² Él estaba con Dios en el principio. ³ Por medio de él todas las cosas fueron creadas; sin él, nada de lo creado llegó a existir. ⁴ En él estaba la vida, y la vida era la luz de la humanidad. ⁵ Esta luz resplandece en las tinieblas, y las tinieblas no han podido extinguirla.[a]

⁶ Vino un hombre llamado Juan. Dios lo envió ⁷ como testigo para dar testimonio de la luz, a fin de que por medio de él todos creyeran. ⁸ Juan no era la luz, sino que vino para dar testimonio de la luz. ⁹ Esa luz verdadera, la que alumbra a todo ser humano, venía a este mundo.[b]

¹⁰ El que era la luz ya estaba en el mundo, y el mundo fue creado por medio de él, pero el mundo no lo reconoció. ¹¹ Vino a lo que era suyo, pero los suyos no lo recibieron. ¹² Mas a cuantos lo recibieron, a los que creen en su nombre, les dio el derecho de ser hijos de Dios. ¹³ Estos no nacen de la sangre, ni por deseos naturales, ni por voluntad humana, sino que nacen de Dios.

¹⁴ Y el Verbo se hizo hombre y habitó[c] entre nosotros. Y hemos contemplado su gloria, la gloria que corresponde al Hijo unigénito del Padre, lleno de gracia y de verdad.

Salmo 23

¹ El Señor es mi pastor, nada me falta;
²   en verdes pastos me hace descansar.
Junto a tranquilas aguas me conduce;
³   me infunde nuevas fuerzas.
Me guía por sendas de justicia
    por amor a su nombre.
⁴ Aun si voy por valles tenebrosos,
    no temo peligro alguno
porque tú estás a mi lado;
    tu vara de pastor me reconforta.
⁵ Dispones ante mí un banquete
    en presencia de mis enemigos.
Has ungido con perfume mi cabeza;
    has llenado mi copa a rebosar.
⁶ La bondad y el amor me seguirán
    todos los días de mi vida;
y en la casa del Señor
    habitaré para siempre.

Salmo 150

¹ ¡Aleluya! ¡Alabado sea el Señor!
Alaben a Dios en su santuario,
    alábenlo en su poderoso firmamento.
² Alábenlo por sus proezas,
    alábenlo por su inmensa grandeza.
³ Alábenlo con sonido de trompeta,
    alábenlo con el arpa y la lira.

⁴ Alábenlo con panderos y danzas,
   alábenlo con cuerdas y flautas.
⁵ Alábenlo con címbalos sonoros,
   alábenlo con címbalos resonantes.
⁶ ¡Que todo lo que respira alabe al Señor!
¡Aleluya! ¡Alabado sea el Señor!

Proverbios 3:1-12

¹ Hijo mío, no te olvides de mis enseñanzas;
   más bien, guarda en tu corazón mis mandamientos.
² Porque prolongarán tu vida muchos años
   y te traerán prosperidad.
³ Que nunca te abandonen el amor y la verdad:
   llévalos siempre alrededor de tu cuello
   y escríbelos en el libro de tu corazón.
⁴ Contarás con el favor de Dios
   y tendrás buena fama[a] entre la gente.
⁵ Confía en el Señor de todo corazón,
   y no en tu propia inteligencia.
⁶ Reconócelo en todos tus caminos,
   y él allanará tus sendas.
⁷ No seas sabio en tu propia opinión;
   más bien, teme al Señor y huye del mal.
⁸ Esto infundirá salud a tu cuerpo
   y fortalecerá tu ser.[b]
⁹ Honra al Señor con tus riquezas
   y con los primeros frutos de tus cosechas.
¹⁰ Así tus graneros se llenarán a reventar
   y tus bodegas rebosarán de vino nuevo.

¹¹ Hijo mío, no desprecies la disciplina del Señor,
   ni te ofendas por sus reprensiones.
¹² Porque el Señor disciplina a los que ama,
   como corrige un padre a su hijo querido.

Salmo 27:1-6

¹ El Señor es mi luz y mi salvación;
   ¿a quién temeré?
El Señor es el baluarte de mi vida;
   ¿quién podrá amedrentarme?
² Cuando los malvados avanzan contra mí
   para devorar mis carnes,
cuando mis enemigos y adversarios me atacan,
   son ellos los que tropiezan y caen.
³ Aun cuando un ejército me asedie,
   no temerá mi corazón;
aun cuando una guerra estalle contra mí,
   yo mantendré la confianza.
⁴ Una sola cosa le pido al Señor,
   y es lo único que persigo:
habitar en la casa del Señor
   todos los días de mi vida,
para contemplar la hermosura del Señor
   y recrearme en su templo.
⁵ Porque en el día de la aflicción
   él me resguardará en su morada;
al amparo de su tabernáculo me protegerá,
   y me pondrá en alto, sobre una roca.
⁶ Me hará prevalecer

frente a los enemigos que me rodean;
en su templo ofreceré sacrificios de alabanza
　　y cantaré salmos al Señor.

Colosenses 1:15-20

[15] Él es la imagen del Dios invisible, el primogénito[a] de toda creación, [16] porque por medio de él fueron creadas todas las cosas en el cielo y en la tierra, visibles e invisibles, sean tronos, poderes, principados o autoridades: todo ha sido creado por medio de él y para él. [17] Él es anterior a todas las cosas, que por medio de él forman un todo coherente.[b] [18] Él es la cabeza del cuerpo, que es la iglesia. Él es el principio, el primogénito de la resurrección, para ser en todo el primero. [19] Porque a Dios le agradó habitar en él con toda su plenitud [20] y, por medio de él, reconciliar consigo todas las cosas, tanto las que están en la tierra como las que están en el cielo, haciendo la paz mediante la sangre que derramó en la cruz.

Romanos 12:9-18

[9] El amor debe ser sincero. Aborrezcan el mal; aférrense al bien. [10] Ámense los unos a los otros con amor fraternal, respetándose y honrándose mutuamente. [11] Nunca dejen de ser diligentes; antes bien, sirvan al Señor con el fervor que da el Espíritu. [12] Alégrense en la esperanza, muestren paciencia en el sufrimiento, perseveren en la oración. [13] Ayuden a los hermanos necesitados. Practiquen la hospitalidad.

[14] Bendigan a quienes los persigan; bendigan y no maldigan. [15] Alégrense con los que están alegres; lloren con los que lloran. [16] Vivan en armonía los unos con los otros. No sean arrogantes, sino háganse solidarios con los

humildes.[a] No se crean los únicos que saben. ¹⁷ No paguen a nadie mal por mal. Procuren hacer lo bueno delante de todos. ¹⁸ Si es posible, y en cuanto dependa de ustedes, vivan en paz con todos.

Isaías 53:1-6

¹ ¿Quién ha creído a nuestro mensaje
    y a quién se le ha revelado el poder del Señor?
² Creció en su presencia como vástago tierno,
    como raíz de tierra seca.
No había en él belleza ni majestad alguna;
    su aspecto no era atractivo y nada en su apariencia lo hacía deseable.
³ Despreciado y rechazado por los hombres,
    varón de dolores, hecho para el sufrimiento.
Todos evitaban mirarlo;
    fue despreciado, y no lo estimamos.
⁴ Ciertamente él cargó con nuestras enfermedades
    y soportó nuestros dolores,
pero nosotros lo consideramos herido,
    golpeado por Dios, y humillado.
⁵ Él fue traspasado por nuestras rebeliones,
    y molido por nuestras iniquidades;
sobre él recayó el castigo, precio de nuestra paz,
    y gracias a sus heridas fuimos sanados.
⁶ Todos andábamos perdidos, como ovejas;
    cada uno seguía su propio camino,
pero el Señor hizo recaer sobre él
    la iniquidad de todos nosotros.

Gálatas 5:22-23

²² En cambio, el fruto del Espíritu es amor, alegría, paz, paciencia, amabilidad, bondad, fidelidad, ²³ humildad y dominio propio. No hay ley que condene estas cosas.

Romanos 8:28-39

²⁸ Ahora bien, sabemos que Dios dispone todas las cosas para el bien de quienes lo aman,[a] los que han sido llamados de acuerdo con su propósito. ²⁹ Porque a los que Dios conoció de antemano, también los predestinó a ser transformados según la imagen de su Hijo, para que él sea el primogénito entre muchos hermanos. ³⁰ A los que predestinó, también los llamó; a los que llamó, también los justificó; y a los que justificó, también los glorificó.

³¹ ¿Qué diremos frente a esto? Si Dios está de nuestra parte, ¿quién puede estar en contra nuestra? ³² El que no escatimó ni a su propio Hijo, sino que lo entregó por todos nosotros, ¿cómo no habrá de darnos generosamente, junto con él, todas las cosas? ³³ ¿Quién acusará a los que Dios ha escogido? Dios es el que justifica. ³⁴ ¿Quién condenará? Cristo Jesús es el que murió, e incluso resucitó, y está a la derecha de Dios e intercede por nosotros. ³⁵ ¿Quién nos apartará del amor de Cristo? ¿La tribulación, o la angustia, la persecución, el hambre, la indigencia, el peligro, o la violencia? ³⁶ Así está escrito:

> «Por tu causa siempre nos llevan a la muerte;
> ¡nos tratan como a ovejas para el matadero!»[b]

³⁷ Sin embargo, en todo esto somos más que vencedores por medio de aquel que nos amó. ³⁸ Pues estoy convencido de que ni la muerte ni la vida, ni los ángeles ni los demonios,[c] ni lo presente ni lo por venir, ni los poderes, ³⁹ ni lo alto ni lo profundo, ni cosa alguna en toda la creación podrá apartarnos del amor que Dios nos ha manifestado en Cristo Jesús nuestro Señor.

En Conclusión

Mensaje Final a los Padres

Para ser un padre de crianza temporal y permanecer licenciado por el estado, usted debe asistir a varios tipos de entrenamiento. Estos entrenamientos abarcan desde el manejo del comportamiento hasta el aprendizaje de los medicamentos psicotrópicos. Durante el transcurso de nuestro tiempo como padres adoptivos, mi esposa y yo asistimos a un entrenamiento de nueve semanas llamado Empowered to Connect. Aunque estaba dirigido a padres que tienen hijos que vienen "de lugares difíciles," lo encontramos aplicable a cualquier padre. Antes de la primera semana de la clase, se nos pidió que escribiéramos nuestro objetivo en cuanto la crianza de los hijos. En la primera clase, uno de los padres compartió su objetivo parental de que su hijo tuviera la capacidad de recuperarse de la adversidad por si mismo.

Ser capaz de recuperarse de la adversidad es algo bueno, pero las personas en el grupo eran creyentes que habían adoptado o estaban en proceso de adoptar. Nos preguntamos cómo podría en esta clase haber metas de crianza que estaban vacías de Dios y sus deseos para los padres. Pero por la gracia de Dios, la clase ayudó a cada padre, incluso nosotros, a profundizar nuestro entendimiento de los deseos de Dios en la crianza de los hijos y cómo llegar allí. Creo que encontramos la imagen más pura de lo que Dios desea en la historia de Sansón. En Jueces 13, un ángel llega a una mujer que era estéril y le dice que tendrá un hijo que tiene un propósito de Dios. Ella le dice a su esposo, y él hace lo que todos nosotros haríamos — le pide a Dios que le envíe el ángel a él para que él sepa qué hacer. Entonces Manoa oró al Señor y le dijo, "Oh Señor, te ruego que permitas que vuelva el hombre de Dios que nos enviaste para que nos enseñe cómo criar al niño que va a nacer." Dios escuchó la voz de Manoa, y el ángel de Dios volvió a aparecerse a la mujer mientras ésta se hallaba en el campo; pero Manoa, su marido, no estaba con ella. La mujer corrió de inmediato a avisarle a su marido: "¡Está aquí! ¡El hombre que se me apareció el otro día!" Manoa se levantó y siguió a su esposa. Cuando llegó adonde estaba el hombre, le dijo: "¿Eres tú el que habló con mi esposa?" Y el ángel respondió, "Sí, soy yo." Así que Manoa le preguntó, "Cuando se cumplan tus palabras, ¿cómo debemos criar al niño? ¿Cómo deberá portarse?" El ángel del Señor contestó, "Tu esposa debe cumplir con todo lo que le he dicho. Ella no debe probar nada que viene de la vid, ni beber ningún vino ni ninguna otra bebida fuerte; tampoco no debe comer nada impuro. Definitivamente, debe cumplir con todo lo que le he ordenado" (Jueces 13: 8-14).

Lo que encontramos aquí es que el ángel de Dios no presenta a la mujer un plan que paso a paso indica qué hacer desde el nacimiento de un niño, sino más bien presenta el llamado a observar todo lo que le mandó Dios que observara. Por lo cual, él le dice a los padres que sean fieles a los mandamientos del Señor. Con demasiada frecuencia como padres, olvidamos que nuestra fidelidad a Dios es vital para nuestro papel como padres. Si recuerdan la historia de Sansón, él no fue realmente un imagen de obediencia. De hecho, él fue más un imagen de orgullo que resultó en su temprana muerte. ¿Creen ustedes que los padres de Sansón fracasaron como padres? Para ser honesto, como nosotros, Sansón hizo sus propias malas decisiones a pesar de lo que le enseñaron. Lo interesante es que la próxima vez que oímos de Sansón es en Hebreos 11, como uno de los fieles en el supuesto salón de fama para los fieles. ¿Como puede ser esto? Porque al final, Sansón cumplió con los propósitos de

Dios. Él fue uno de los jueces de Israel durante 20 años y acabó siendo humilde ante el Señor.

¿Creen ustedes que los padres de Sansón estaban finalmente orgullosos de que Dios consideraba a Sansón fiel a pesar de su serie de malas decisiones? Estoy seguro que lo fueron. Incluso un padre perfecto tiene hijos que hacen malas decisiones a pesar de lo que se enseña y cómo se enseña (ver: Génesis. 3). Pero los padres deben tener en cuenta que los propósitos de Dios son a veces desconocidos, por lo cual, no podemos dejar que los resultados visibles conduzcan la medida de nuestro éxito en la crianza de los hijos. Lo que tenemos que hacer es concentrarnos en ser fieles a Dios en cada papel que tenemos – padre, madre, esposo, esposa, voluntario, consejero vocacional, o siervo. En otras palabras, para ser un buen padre debemos esforzarnos por ser mejores siervos de Cristo.

Uno de nuestros problemas es que muchos de nosotros tenemos heridas que no han sido sanadas y estamos llevando esas heridas en nuestro lente de crianza. No vemos a Dios correctamente y tampoco entendemos cómo él nos ve. Esta pobre teología que tenemos sobre Dios y de sus redimidos entra en nuestra interacción diaria con nuestros hijos y a veces nos sentimos desesperados. La verdad es que Dios conoce nuestros corazones, los corazones de nuestros hijos y sus propósitos, así que debemos mantener la esperanza de que él lo tiene todo bajo control. De acuerdo a Hechos 17, Dios divinamente eligió emparejarnos no sólo con nuestros hijos, sino también con los padres que quizás fueron una parte activa de nuestras propias heridas.

¿Así pues, qué hacemos? ¿Debemos solamente contar con Dios para que él resuelva todo? ¡Absolutamente no! En cambio debemos luchar activamente en contra de nuestra naturaleza humana, buscar sanidad para nuestras heridas y esforzarnos para encomendar a nuestros hijos al Padre perfecto. Hacemos esto siendo intencionales en tantas áreas como podamos. Ser intencional es un arte perdido en la crianza de los hijos. Es fácil olvidar que los niños están aprendiendo todo el tiempo, no sólo durante los tiempos de enseñanza diseñada. Pero ser intencional no es sólo lo que debemos hacer. Debemos explicar por qué estamos haciendo las cosas que hacemos. Por ejemplo, poniendo a un niño en tiempo-de espera (time-out) porque él o ella desobedeció podría ser visto como castigo para el niño. Es completamente diferente cuando se le explica al niño que los mandamos a tiempo-de espera porque los amamos. Los niños deben saber que Dios no castiga a sus hijos, sino que da disciplina para entrenar a sus hijos. El tiempo-de espera no es destinado para castigar sino para disciplinar. La desobediencia de los niños revela que ellos creen la mentira de que su camino es mejor que el de Dios (Romanos 1). Usted desea estar con ellos, pero el pecado nos separa de Dios, y el tiempo-de espera es un imagen de esa separación. Dios envió a su hijo para poner fin a esa separación para aquellos que se arrepienten y creen. Si los niños se arrepienten de su desobediencia, su tiempo-de espera se termina y nosotros pedimos perdón a Dios juntos.

Este tipo de intencionalidad puede ser cansado, pero después de todo, ¿qué nuestra fidelidad no nos obliga a hablar de los caminos de Dios desde la mañana hasta la noche (Deuteronomio 6: 4-7)? Claro que sí, nosotros deseamos que hubiera un guía que nos ayudara paso a paso en cada situación que enfrentamos. Pero en fin, todos nosotros llegamos a un lugar donde no tenemos ni idea de cómo ser fieles en ciertas situaciones. Siempre debemos recordar que ser fieles no se mide en un instante, sino a través del tiempo. Estamos siendo transformados en la imagen de Su Hijo cada vez más. Cuanto más seamos como Jesús, más somos al imagen del Padre Celestial. Cuanto más seamos al imagen del Padre Celestial, más fieles somos como padres. ¡Oh, imagínense, ser como Él!

Dios es lento para la ira y abundante en amor firme. Nuestro Padre Celestial nunca nos disciplina con un ceño fruncido en su rostro, y tampoco debemos fruncir el ceño a nuestros hijos. Sí debemos catequizar a nuestros hijos y tener devocionales diarios, pero más que nada, nuestra crianza diaria será la que enseñará lo que realmente creemos acerca de Dios. Deseemos ser fieles y dejar los resultados a Él, reconociendo que incluso nuestros mejores momentos de crianza no serán lo suficiente para salvar las almas de nuestros hijos. Su salvación no es por nuestras obras, sino sólo por la gracia de Dios.

¡Que la gracia de Dios abunde en nuestros hogares!

Recursos Adicionales para su Hogar

Hay muchos grandes recursos que podríamos recomendar, pero sentimos que los siguientes le darán un buen lugar para empezar.

Para los Padres

Family Shepherds: Calling and Equipping Men to Lead Their Homes — Voddie Baucham Jr.
Dirigido exclusivamente al padre, este libro se explica bien en el título.

Family Driven Faith: Doing What It Takes to Raise Sons and Daughters Who Walk with God — Voddie Baucham Jr.
Una lectura desafiante que llama a los padres a ser partícipes en criar a sus hijos como Dios lo encomienda. Hacia el final, el libro recomienda una cierta integración de la familia y de la iglesia. La gran mayoría del libro es muy perspicaz.

Shepherding A Child's Heart — Tedd Tripp
Este libro regresa al Evangelio y a la verdadera naturaleza de los corazones de los niños y cómo Dios gentilmente proporciona una solución en las escrituras.

The Momentary Marriage: A Parable of Permanence — John Piper
Este es un libro fabuloso que arraiga correctamente el matrimonio dentro del contexto de los planes y propósitos de Dios. Es un libro que cualquier padre que quiera mostrar el Evangelio diariamente a sus hijos debe leer.

Treasuring God in Our Traditions — Noël Piper
Da a los padres un recordatorio necesario de que lo que transmitimos a nuestros hijos es muy importante.

The Connected Child: Bring Hope and Healing to Your Adoptive Family — Karyn B. Purvis, Ph.D., David R. Cross, Ph.D., and Wendy Lyons Sunshine
Escrito para padres adoptivos, este libro es de gran importancia para cualquier padre que tiene el objetivo de llegar al corazón del niño.

Para la Familia

Biblias

The Jesus Story Book Bible: Every Story Whispers His Name — Sally Lloyd-Jones
Este libro abre el camino a través de la Biblia mostrando cómo todo apunta a Jesús. Ideal para la edad preescolar y primaria.

The Gospel Story Bible: Discovering Jesus in the Old and New Testaments — Marty Machowski
Una amplia gama de historias tanto del Antiguo como del Nuevo Testamento. Proporciona preguntas después de cada historia para fomentar la enseñanza. Bueno para los niños de edad escolar, especialmente aquellos que leen por su propia cuenta.

Long Story Short: Ten-Minute Devotions to Draw Your Family to God — Marty Machowski
Devocionales fáciles de 10 minutos que cualquier padre puede hacer.

Libros

The Big Book of Questions & Answers about Jesus — Ferguson Sinclair
Un gran recurso para cualquier familia cuando se trata de contestar preguntas y tener devocionales.

Big Truths for Young Hearts: Teaching and Learning the Greatness of God — Bruce A. Ware
Sistemáticamente les da a los padres capítulos que lean y les ayuda a enseñar teología a sus hijos.

Halfway Herbert – Francis Chan
Un gran librito para niños pequeños que introduce a los niños en el hecho de que necesitan a Jesús y al Espíritu Santo para darles un corazón entero.

The Big Red Tractor and the Little Village – Francis Chan
Este libro para niños enseña magistralmente a los niños el poder del Espíritu Santo disponible a nosotros.

Ronnie Wilson's Gift – Francis Chan
Una historia conmovedora para niños que muestra lo que es servir a Cristo mientras estamos aquí en la tierra.

Jesus is Coming Back! – Debby Anderson
Un libro divertido para niños pequeños que les enseña que Jesús pronto volverá.

Little Pilgrim's Progress: From John Bunyan's Classic – Helen L. Taylor
Una gran lectura para lectores jóvenes, pero aún mejor si es leído por un padre. Lea un capítulo o dos por la noche después de la cena o úselo como un devocional haciendo preguntas después de cada capítulo.

God Knows My Name – Debby Anderson
Otro libro divertido para los niños pequeños que les enseña acerca de Dios.

A Forever Home for Antonio: A Gospel Adoption Journey – Chris Chavez
Un libro para niños centrado en el evangelio sobre adopción. Una gran historia para ayudar a los padres a construir un marco para explicar la adopción.

The Gospel Advent Book – Chris Chavez
Un devocional familiar de 25 días escrito para ayudar a los padres a enseñar acerca de la venida del Mesías.

Golly's Folly: The Prince Who Wanted It All – Eleazar Ruiz y Rebekah Ruiz
www.gollysfolly.com

Un libro increíblemente ilustrado basado en el libro de Eclesiastés. También hay un cuaderno de ejercicios disponible.

Música

Seeds Family Worship
— www.seedsfamilyworship.com
— Cantos divertidos y basados en las Escrituras que pueden ayudar a su familia a cantar y adorar juntos.
— Se puede encontrar en iTunes también

Jesus Came To Save Sinners
— Descarga gratis en www.thevillagechurch.net/resources/music/
— Divertido y enseña teología del Evangelio y el carácter de Dios
— Se puede encontrar en iTunes también

Bethel Music Kids
— www.bethelmusic.com/albums/come-alive/
— Música divertida y atractiva en versión de niños
— Se puede encontrar en iTunes también

Crazy Praise CDs
— Se puede encontrar en iTunes

Agradecimientos

Luke Damoff – Tu resistencia teológica y tu estímulo me ayudaron a producir un recurso mucho más amoroso para los padres. Tus pensamientos me desafiaron y realmente me ayudaron a entender mi propio matrimonio de una manera más profunda. No tuvimos que estar de acuerdo en todo, pero tuvimos que ser honestos en nuestros pensamientos y lo hiciste con gracia. Gracias por tu obediencia a lo que dice la Biblia y no a lo que yo quería que dijera.

John Blase – Tengo la inmensa bendición de que el Señor trajo a un editor de tu calibre a mi puerta. Tú fuiste capaz de ayudarme a transmitir pensamientos con mucha claridad necesaria. Cualquier lector que encuentre algún defecto con lo que está escrito debe entender que tú estabas trabajando con un escritor inexperto, y debes ser elogiado por tu trabajo. Tú eres una bendición y estoy agradecido de que hayas aceptado este proyecto.

Mike Brown – ¿Quién habría adivinado que dos miembros de nuestra fraternidad universitaria un día colaborarían en un recurso Bíblico de enseñanza para padres? Tu don siempre ha sido evidente, y oro que muchos niños sean inspirados por tu maravillosa obra de arte. Estoy muy contento de haber asumido este proyecto con un amigo y hermano en el Señor.

Antonio Chavez Jr. – Papá, nunca sabré cómo habría sido la vida si usted no hubiera muerto en un accidente cuando yo tenía 6 años. Quién fue usted cuando estaba vivo sigue siendo un misterio para mí de muchas maneras. Por todas las cuentas, usted fue el hombre que yo espero ser un día. Pero sepa esto, su ausencia ha sido un conductor en mi familia. No fue hasta la edad de 39 años que me afligió que su ser había desaparecido, preguntándome si hubiésemos sido amigos si nos hubiéramos conocido ese día. Ese fin de semana lleno de lágrimas, es un marcador en mi vida, y tanto como desearía que usted hubiese estado allí cuando estaba creciendo, ahora puedo agradecer a Dios por su muerte prematura. Ahora tengo un corazón para ser padre que podría no haber tenido, y este libro está enraizado en ese corazón. Cualquier ADN que tenga suya que refleje la bondad de Dios, se lo agradezco y espero ser su amigo cuando Jesús regrese.

Nuestros Contribuyentes Kickstarter – Un agradecimiento especial a todos los que figuran aquí y los muchos otros que dieron ayuda en traer este proyecto a vida.

Joe y Lindsay Rodden
La Familia Clarke
La Familia Shanks
La Familia Rozelle
Jinohn Renea
Ben y Gina Killmer
La Familia Embry
La Familia Berend
La Familia Barba
La Familia Rabalais
La Familia Bowman
La Familia Hull

La Familia Ullmann
La Familia Pierce
La Familia White
La Familia Ayers
La Familia Miller
Rich y Staci Cass
La Familia Michaelis
La Familia Schroyer
La Familia Lee
Cass Family Charitable Trust
La Familia Juergens
La Familia Jung

Sobre el Ilustrador

Michael Brown es un actor/director premiado de teatro y cine, así como un autor/ilustrador. Michael ha tenido una caricatura distribuida por King Features y una película de largometraje distribuido por Lionsgate. Disfruta de los desafíos únicos que cada medio artístico trae. Michael vive en Texas con su bella esposa, Cheree, y sus hijos: Abby, Luke, Lydia y Phoebe. Nunca tiene que mirar lejos del elenco de personajes que viven en su casa para encontrar una nueva inspiración artística. Visite a Michael en línea en www.browncowproductions.com.

www.ingramcontent.com/pod-product-compliance
Lightning Source LLC
Chambersburg PA
CBHW041410300426
44114CB00028B/2972